故宫
博物院藏文物珍品大系

故宫博物院藏文物珍品大系

明清家具（下）

主编：朱家溍
上海科学技术出版社
商务印书馆（香港）

明清家具（下）
Furniture of the Ming and Qing Dynasties (II)

故宫博物院藏文物珍品大系
The Complete Collection of Treasures
of the Palace Museum

主　　编	朱家溍
副 主 编	胡德生
编　　委	宋永吉　芮　谦　周京南
摄　　影	冯　辉　赵　山
出 版 人	陈万雄　吴智仁
编辑统筹	张倩仪　胡大卫
编辑顾问	吴　空
责任编辑	田　村　徐昕宇　周祖贻　王占军
设　　计	张婉仪
出　　版	上海世纪出版股份有限公司 上海科学技术出版社 上海钦州南路 71 号 商务印书馆（香港）有限公司 香港筲箕湾耀兴道 3 号东汇广场 8 楼
制　　版	中华商务彩色印刷有限公司 香港新界大浦汀丽路36号中华商务印刷大厦
印　　刷	深圳中华商务联合印刷有限公司 深圳市龙岗区平湖镇春湖工业区中华商务印刷大厦
版　　次	2002 年 12 月第 1 版第 1 次印刷 2014 年 11 月第 1 版第 4 次印刷 ©2002　商务印书馆（香港）有限公司　（繁体版） ©2002　上海科学技术出版社　　　　　（简体版） 　　　　商务印书馆（香港）有限公司
规　　格	大16开 (216 × 286mm) 340面
国际书号	ISBN 978-7-5323-6810-5/J·50

版权所有，不准以任何方式，在世界任何地区，以中文或其他任何文字翻印、仿制或转载本书图版和文字之一部分或全部。

All rights reserved. No part of this publication may be reproduced, stored in a retrieval system, or transmitted in any form or by any means, electronic, mechanical, photocopying, recording and/or otherwise without the prior written permission of the publishers.

本版图书仅在中国大陆地区发行。

Condition of sale
This book is sold subject to the condition that it shall, by way of trade or otherwise, be distributed in Mainland China only.

故宫博物院藏文物珍品大系

特邀顾问：（以姓氏笔画为序）
　　　　　王世襄　　王　尧　　李学勤
　　　　　启　功　　张政烺　　金维诺
　　　　　宿　白

总编委：（以姓氏笔画为序）
　　　　　于倬云　　朱诚如　　朱家溍
　　　　　孙关根　　杜迺松　　李辉柄
　　　　　邵长波　　张忠培　　肖燕翼
　　　　　杨　新　　杨伯达　　单国强
　　　　　郑珉中　　胡　锤　　施安昌
　　　　　耿宝昌　　徐邦达　　徐启宪
　　　　　聂崇正

主　编：朱诚如

编委办公室：
主　任：徐启宪
成　员：　冯乃恩　　杜迺松　　李辉柄
　　　　　邵长波　　单国强　　郑珉中
　　　　　胡　锤　　秦风京　　郭福祥
　　　　　聂崇正

总摄影：　胡　锤

总序

杨新

故宫博物院是在明、清两代皇宫的基础上建立起来的国家博物馆，位于北京市中心，占地72万平方米，收藏文物近百万件。

公元1406年，明代永乐皇帝朱棣下诏将北平升为北京，翌年即在元代旧宫的基址上，开始大规模营造新的宫殿。公元1420年宫殿落成，称紫禁城，正式迁都北京。公元1644年，清王朝取代明帝国统治，仍建都北京，居住在紫禁城内。按古老的礼制，紫禁城内分前朝、后寝两大部分。前朝包括太和、中和、保和三大殿，辅以文华、武英两殿。后寝包括乾清、交泰、坤宁三宫及东、西六宫等，总称内廷。明、清两代，从永乐皇帝朱棣至末代皇帝溥仪，共有24位皇帝及其后妃都居住在这里。1911年孙中山领导的"辛亥革命"，推翻了清王朝统治，结束了两千余年的封建帝制。1914年，北洋政府将沈阳故宫和承德避暑山庄的部分文物移来，在紫禁城内前朝部分成立古物陈列所。1924年，溥仪被逐出内廷，紫禁城后半部分于1925年建成故宫博物院。

历代以来，皇帝们都自称为"天子"。"普天之下，莫非王土；率土之滨，莫非王臣"（《诗经·小雅·北山》），他们把全国的土地和人民视作自己的财产。因此在宫廷内，不但汇集了从全国各地进贡来的各种历史文化艺术精品和奇珍异宝，而且也集中了全国最优秀的艺术家和匠师，创造新的文化艺术品。中间虽屡经改朝换代，宫廷中的收藏损失无法估计，但是，由于中国的国土辽阔，历史悠久，人民富于创造，文物散而复聚。清代继承明代宫廷遗产，到乾隆时期，宫廷中收藏之富，超过了以往任何时代。到清代末年，英法联军、八国联军两度侵入北京，横烧劫掠，文物损失散佚殆不少。溥仪居内廷时，以赏赐、送礼等名义将文物盗出宫外，手下人亦效其尤，至1923年中正殿大火，清宫文物再次遭到严重损失。尽管如此，清宫的收藏仍然可观。在故宫博物院筹备建立时，由"办理清室善后委员会"对其所藏进行了清点，事竣后整理刊印出《故宫物品点查报告》共六编28

册,计有文物117万余件(套)。1947年底,古物陈列所并入故宫博物院,其文物同时亦归故宫博物院收藏管理。

二次大战期间,为了保护故宫文物不至遭到日本侵略者的掠夺和战火的毁灭,故宫博物院从大量的藏品中检选出器物、书画、图书、档案共计13427箱又64包,分五批运至上海和南京,后又辗转流散到川、黔各地。抗日战争胜利以后,文物复又运回南京。随着国内政治形势的变化,在南京的文物又有2972箱于1948年底至1949年被运往台湾,50年代南京文物大部分运返北京,尚有2211箱至今仍存放在故宫博物院于南京建造的库房中。

中华人民共和国成立以后,故宫博物院的体制有所变化,根据当时上级的有关指令,原宫廷中收藏图书中的一部分,被调拨到北京图书馆,而档案文献,则另成立了"中国第一历史档案馆"负责收藏保管。

50至60年代,故宫博物院对北京本院的文物重新进行了清理核对,按新的观念,把过去划分"器物"和书画类的才被编入文物的范畴,凡属于清宫旧藏的,均给予"故"字编号,计有711338件,其中从过去未被登记的"物品"堆中发现1200余件。作为国家最大博物馆,故宫博物院肩负有搜藏保护流散在社会上珍贵文物的责任。1949年以后,通过收购、调拨、交换和接受捐赠等渠道以丰富馆藏。凡属新入藏的,均给予"新"字编号,截至1994年底,计有222920件。

这近百万件文物,蕴藏着中华民族文化艺术极其丰富的史料。其远自原始社会、商、周、秦、汉,经魏、晋、南北朝、隋、唐,历五代两宋、元、明,而至于清代和近世。历朝历代,均有佳品,从未有间断。其文物品类,一应俱有,有青铜、玉器、陶瓷、碑刻造像、法书名画、印玺、漆器、珐琅、丝织刺绣、竹木牙骨雕刻、金银器皿、文房珍玩、钟表、珠翠首饰、家具以及其他历史文物等等。每一品种,又自成历史系列。可以说这是一座巨大的东方文化艺术宝库,不但集中反映了中华民族数千年文化艺术的历史发展,凝聚着中国人民巨大的精神力量,同时它也是人类文明进步不可缺少的组成元素。

开发这座宝库,弘扬民族文化传统,为社会提供了解和研究这一传统的可信史料,是故宫博物院的重要任务之一。过去我院曾经通过编辑出版各种图书、画册、刊物,为提供这方面资料作了不少工作,在社会上产生了广泛的影响,对于推动各科学术的深入研究起到了良好的作用。但是,一种全面而系统地介绍故宫文物以一窥全豹的出版物,由于种种原因,尚未来得及进行。今天,随着社会的物质生活的提高,和中外文化交流的频繁往来,无论是中国还是西方，人们越来越多地注意到故宫。学者专家们，无论是专门研究中国的文化历史，还是从事于东、西方文化的对比研究，也都希望从故宫的藏品中发掘资料，以探索人类文明发展的奥秘。因此，我们决定与香港商务印书馆、上海科学技术出版社共同努力，合作出版一套全面系统地反映故宫文物收藏的大型图册。

要想无一遗漏将近百万件文物全都出版，我想在近数十年内是不可能的。因此我们在考虑到社会需要的同时，不能不采取精选的办法，百里挑一，将那些最具典型和代表性的文物集中起来，约有一万二千余件，分成六十卷出版，故名《故宫博物院藏文物珍品大系》。这需要八至十年时间才能完成，可以说是一项跨世纪的工程。六十卷的体例，我们采取按文物分类的方法进行编排，但是不囿于这一方法。例如其中一些与宫廷历史、典章制度及日常生活有直接关系的文物，则采用特定主题的编辑方法。这部分是最具有宫廷特色的文物，以往常被人们所忽视，而在学术研究深入发展的今天，却越来越显示出其重要历史价值。另外，对某一类数量较多的文物，例如绘画和陶瓷，则采用每一卷或几卷具有相对独立和完整的编排方法，以便于读者的需要和选购。

如此浩大的工程，其任务是艰巨的。为此我们动员了全院的文物研究者一道工作。由院内老一辈专家和聘请院外若干著名学者为顾问作指导，使这套大型图册的科学性、资料性和观赏性相结合得尽可能地完善完美。但是，由于我们的力量有限，主要任务由中、青年人承担，其中的错误和不足在所难免，因此当我们刚刚开始进行这一工作时，诚恳地希望得到各方面的批评指正和建设性意见，使以后的各卷，能达到更理想之目的。

感谢香港商务印书馆、上海科学技术出版社的忠诚合作！感谢所有支持和鼓励我们进行这一事业的人们！

1995年8月30日于灯下

目 录

总序	6
文物目录	10
导言——清代新风格家具的形成	16

图版

床宝座	1
椅凳墩	37
桌案几	97
屏风	183
柜格箱架	239
天然木家具	285
家具实景陈设	293

文物目录

床宝座

1
红木云龙纹架子床
清　2

2
紫檀荷花纹床
清早期　4

3
黑漆嵌瓷山水图床
清康熙　6

4
黑漆描金卷草拐子纹床
清雍正　6

5
紫漆描金山水纹床
清雍正　8

6
紫檀嵌瓷花卉图床
清乾隆　10

7
红木九龙纹床
清乾隆　12

8
紫檀夔龙纹床
清乾隆　13

9
紫檀嵌楠木山水人物图床
清乾隆　14

10
红木三多纹罗汉床
清晚期　16

11
红木嵌铜缠枝花纹床
清　17

12
紫檀夔龙纹床
清　18

13
红木嵌大理石罗汉床
清　19

14
金漆龙纹宝座
清早期　20

15
紫檀嵌黄杨木卷草拐子纹宝座
清乾隆　22

16
紫檀雕漆云龙纹宝座
清乾隆　23

17
紫檀夔龙拐子纹宝座
清乾隆　24

18
紫檀嵌玉菊花图宝座
清乾隆　25

19
紫檀嵌染牙菊花图宝座
清乾隆　26

20
黑漆描金夔龙纹宝座
清中期　27

21
紫檀嵌瓷福寿纹宝座
清中期　29

22
紫檀百宝嵌花果图宝座
清中期　30

23
红漆描金云龙纹宝座
清　31

24
剔红云龙纹宝座
清　32

25
紫檀嵌黄杨木福庆纹宝座
清　33

26
紫檀云龙纹宝座
清　34

27
紫檀剔红嵌铜龙纹宝座
清　35

28
黑漆描金海屋添筹图宝座
清　36

椅凳墩

29
黑漆髹金云龙纹交椅
清早期　38

30
红漆髹金云龙纹大交椅
清早期　40

31
金漆龙纹交椅
清早期　41

32
黄花梨直后背交椅
清　42

33
榆木卷叶纹扶手椅
清早期　43

34
紫檀描金万福纹扶手椅
清雍正至乾隆　44

35
紫檀雕福庆纹藤心扶手椅
清乾隆　45

36
紫檀嵌玉花卉纹扶手椅
清乾隆　46

37
紫檀福庆纹扶手椅
清乾隆　47

38
鸡翅木嵌乌木龟背纹扶手椅
清乾隆　48

39
紫檀西洋花纹扶手椅
清乾隆　49

40
紫檀福寿纹扶手椅
清乾隆　50

41
紫檀嵌黄杨木蝠螭纹扶手椅
清乾隆　51

42
紫檀竹节纹扶手椅
清乾隆至嘉庆　52

43
紫檀夔凤纹扶手椅
清　53

44
红漆描金夔龙福寿纹扶手椅
清　54

45
棕竹嵌玉三羊开泰纹扶手椅
清　55

46
紫檀云蝠纹扶手椅
清　56

47
紫檀拐子纹扶手椅
清　57

48
鸡翅木嵌正龙纹扶手椅
清　58

49
黑漆描金西洋花草纹扶手椅
清　60

50
榆木异兽纹扶手椅
清晚期　61

51
黄花梨福寿纹矬坐椅
清早期　62

52
紫檀嵌粉彩四季花鸟图瓷片椅
清雍正　63

53
紫檀嵌桦木夔凤纹椅
清雍正至乾隆　64

54
紫檀嵌桦木竹节纹椅
清乾隆　65

55
紫檀西番莲纹椅
清　66

56
紫檀福庆如意纹椅
清　67

57
紫漆描金卷草纹靠背椅
清雍正至乾隆　68

58
黄花梨拐子纹靠背椅
清乾隆　69

59
竹框黑漆描金菊蝶纹靠背椅
清乾隆　70

60
紫漆描金福寿纹靠背椅
清　71

61
黑漆描金福寿纹靠背椅
清　72

62
黑漆描金花草纹双人椅
清　73

63
黄花梨玉璧纹圆凳
清乾隆　74

64
剔黑彩绘梅花式凳
清乾隆　75

65
紫檀小方凳
清乾隆　76

66
紫檀嵌珐琅漆面团花纹方凳
清乾隆　77

67
紫檀嵌竹冰梅纹梅花式凳
清乾隆　78

68
紫檀云龙纹海棠式凳
清乾隆　79

69
方形抹角文竹凳
清中期　80

70
紫檀如意纹方凳
清中期　81

71
紫檀双龙戏珠纹六方凳
清中期 82

72
紫檀嵌玉团花纹六方凳
清 83

73
紫檀灵芝纹方凳
清 84

74
紫檀如意云头纹方凳
清 85

75
紫檀西洋花纹方凳
清 86

76
黑漆描金折枝花纹春凳
清 87

77
紫檀缠枝莲纹四开光坐墩
清早期 88

78
紫檀云头纹五开光坐墩
清乾隆 89

79
紫檀夔凤纹四开光坐墩
清乾隆 90

80
紫檀兽面衔环纹八方坐墩
清乾隆 91

81
紫檀龙凤盘肠纹六方坐墩
清乾隆 92

82
紫檀多子长寿图六方坐墩
清乾隆 93

83
黑漆描金勾云纹交泰式坐墩
清中期 94

84
剔红夔龙纹方坐墩
清 95

85
黑漆描金龙凤纹坐墩
清 96

桌案几

86
黄花梨云龙寿字纹方桌
清乾隆 98

87
榆木卷云纹方桌
清 99

88
湘妃竹漆面长桌
清雍正 100

89
黑漆描金芍药花纹长桌
清雍正 101

90
紫檀漆面嵌珐琅西番莲纹长桌
清乾隆 102

91
紫檀勾莲纹长桌
清乾隆 103

92
紫檀长桌
清乾隆 104

93
紫檀拐子纹长桌
清乾隆 105

94
填漆戗金卍字勾莲花纹长桌
清乾隆 106

95
剔红云龙纹委角长桌
清乾隆 107

96
黑漆描金山水图长桌
清乾隆 108

97
紫檀嵌桦木夔龙纹长桌
清乾隆 109

98
紫檀雕花长桌
清 110

99
红木云纹长桌
清 112

100
紫檀灵芝纹长桌
清 113

101
紫檀蕉叶纹长桌
清 114

102
紫檀嵌螺钿花卉纹长桌
清 115

103
紫檀嵌铜丝鼎式长桌
清 118

104
黑漆描金山水图长桌
清 119

105
紫檀拐子纹条桌
清 120

106
紫檀蕉叶纹条桌
清乾隆 121

107
剔红云龙纹条桌
清乾隆 122

108
紫檀西番莲纹铜包角条桌
清乾隆 123

109
紫檀鱼纹铜包角条桌
清乾隆 124

110
填漆戗金云龙纹条桌
清乾隆 125

111
紫檀勾云纹条桌
清乾隆 126

112
紫檀卷草纹条桌
清乾隆 127

113
紫檀玉宝珠纹条桌
清乾隆 128

114
花梨木回纹条桌
清乾隆 129

115
填漆戗金云龙纹条桌
清中期 130

116
紫檀条桌
清 131

117
紫檀夔龙纹铜包角条桌
清 132

118
紫漆花草纹条桌
清 133

119
紫檀西洋卷草纹条桌
清　134

120
紫檀拐子纹包铜角炕桌
清乾隆　135

121
黑漆嵌玉描金百寿字炕桌
清乾隆　136

122
红漆嵌螺钿百寿字炕桌
清中期　137

123
黑漆描金云蝠纹炕桌
清　138

124
紫檀方胜纹琴桌
清乾隆　139

125
紫檀刻书画八屉画桌
清中期　140

126
紫檀西番莲纹大供桌
清乾隆　142

127
紫檀西番莲纹梯形桌
清乾隆　143

128
紫漆描金花卉纹葵花式桌
清雍正　144

129
填漆福寿纹半圆桌
清雍正至乾隆　146

130
紫檀西番莲纹半圆桌
清　147

131
黄花梨嵌螺钿夔龙纹炕案
清早期　148

132
紫檀雕回纹炕案
清乾隆　149

133
剔黑填漆六方纹炕案
清乾隆　150

134
剔红缠枝花纹炕案
清乾隆　151

135
紫檀云蝠纹画案
清乾隆　152

136
竹簧画案
清乾隆　153

137
黑漆描金山水图书案
清雍正　154

138
紫檀勾云纹案
清中期　155

139
花梨卷云纹案
清　156

140
红漆描金团花纹大翘头案
清　157

141
紫檀云蝠纹边架几案
清　158

142
红木云蝠纹翘头案
清　160

143
黑漆描金山水楼阁图炕几
清雍正　161

144
紫檀铜绳系纹炕几
清乾隆　162

145
剔红福寿纹炕几
清乾隆　163

146
紫檀小炕几
清乾隆　164

147
红地填彩漆山水图炕几
清　165

148
紫漆描金松鹤图斑竹炕几
清　166

149
紫檀龙纹香几
清乾隆　167

150
楠木嵌竹丝回纹香几
清乾隆　168

151
紫檀蝉纹香几
清乾隆　169

152
紫檀夔龙纹香几
清乾隆　170

153
紫檀雕西番莲纹香几
清乾隆　171

154
紫檀嵌黄杨木莲花纹香几
清乾隆　172

155
紫檀瓶式香几
清乾隆　173

156
紫檀西番莲纹六方香几
清乾隆　174

157
紫檀莲瓣纹香几
清乾隆　175

158
剔红云龙纹香几
清乾隆　176

159
黑漆描金双层如意式香几
清　177

160
花梨回纹香几
清　178

161
鸡翅木镶紫檀回纹香几
清　179

162
紫檀拐子纹香几
清　180

163
瘿木绳壁纹茶几
清　181

164
金漆三足凭几
清初　182

屏风

165
红木莲花边嵌玉鱼插屏
清乾隆　184

166
红木嵌螺钿三狮进宝图插屏
清乾隆　186

167
紫檀嵌玉双龙闹海图插屏
清乾隆　188

168
紫檀嵌古镜插屏
清乾隆　190

169
紫檀嵌木灵芝插屏
清中期　192

13

170
贴簧嵌玉十六罗汉图插屏
清乾隆　194

171
花梨嵌玉璧插屏
清乾隆　196

172
紫檀雕鸡翅木嵌玉人插屏
清　197

173
紫檀嵌鸡翅木五福添寿图插屏
清　198

174
红木嵌螺钿三星图插屏
清　200

175
紫檀刻瓷四皓图插屏
清　202

176
紫檀嵌青玉夔龙纹插屏
清　203

177
铁画山水四扇挂屏
清早期　204

178
铁画四季花卉图四扇挂屏
清康熙　206

179
剔红嵌五彩螺钿山水图挂屏
清雍正至乾隆　207

180
紫檀嵌玉菊花图挂屏
清乾隆　208

181
剔红兰亭雅集图挂屏
清乾隆　209

182
紫檀百宝嵌梅花图挂屏
清　210

183
红木染牙作坊图挂屏
清　212

184
紫檀嵌玉玉堂富贵图挂屏
清　213

185
刻灰描金彩绘群仙祝寿图围屏
清早期　214

186
刻灰描金彩绘子仪祝寿图围屏
清早期　216

187
康熙御书唐诗围屏
清康熙　218

188
黑漆点翠万花献瑞图围屏
清雍正至乾隆　218

189
花梨湘妃竹缂丝花鸟图围屏
清雍正至乾隆　220

190
紫檀嵌玉石花卉图围屏
清乾隆　221

191
乾隆御书消夏十咏诗围屏
清乾隆　222

192
乾隆御书夜亮木赋围屏
清乾隆　223

193
紫檀嵌玉乾隆御书千字文围屏
清乾隆　224

194
纸织字围屏
清乾隆　226

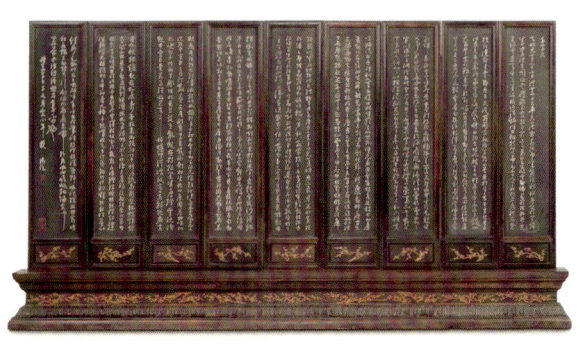

195
彩绣白凤围屏
清中晚期　226

196
紫檀嵌螺钿皇子祝寿诗屏风
清康熙　228

197
紫檀嵌螺钿皇孙祝寿诗屏风
清康熙　230

198
黑漆平金九龙屏风
清雍正　232

199
紫檀岁登图屏风
清雍正　234

200
黑漆描金边纳绣屏风
清雍正至乾隆　235

201
紫檀嵌鸡翅木山水图屏风
清乾隆　236

202
剔红山水图屏风
清乾隆　237

203
紫檀嵌玻璃画屏
清　238

柜格箱架

204
紫檀雍正耕织图立柜
清中期　240

205
紫檀龙凤纹立柜
清　242

206
紫檀暗八仙纹立柜
清　243

207
紫檀冰梅纹顶竖柜
清乾隆　244

208
紫檀西番莲纹顶竖柜
清乾隆至嘉庆　245

209
紫檀八宝八仙纹顶竖柜
清　246

210
剔红八龙闹海纹顶竖柜
清　247

211
花梨云龙纹立柜
清　248

212
紫檀嵌瓷花鸟图小柜
清晚期　249

213
黑漆拐子纹门式多宝格
清早期　250

214
填漆戗金花蝶图博古格
清雍正　251

215
填漆描金芦雁图格
清雍正　252

216
紫檀描金花卉山水图多宝格
清雍正至乾隆 254

217
紫檀嵌竹丝格
清雍正至乾隆 255

218
紫檀多宝格
清雍正至乾隆 256

219
填漆描金花卉纹格
清雍正至乾隆 257

220
楸木描金夔凤纹多宝格
清乾隆 258

221
竹丝镶玻璃小格
清乾隆 260

222
填漆戗金云鹤纹多宝格
清乾隆 262

223
紫檀镶玻璃书格
清 263

224
黄花梨梅花纹多宝格
清晚期 264

225
紫檀万福纹柜格
清乾隆 266

226
湘妃竹雕漆博古图柜格
清乾隆 267

227
紫檀山水人物图柜格
清中期 268

228
紫檀西洋花纹小柜格
清中期 269

229
紫檀描金山水图博古格
清中期 270

230
黄花梨勾云纹柜格
清 271

231
紫檀云龙纹柜格
清 272

232
紫檀槅门柜格
清 273

233
紫檀嵌画珐琅云龙纹柜格
清 274

234
黑漆识文描金九龙纹长套箱
清雍正 275

235
紫檀银包角双龙戏珠纹箱
清中期 278

236
柏木冰箱
清 279

237
红木龙首衣架
清 281

238
红木龙首盆架
清 282

239
红木竹节纹盆架
清 283

240
酸枝木凤纹盆架
清晚期 284

天然木家具

241
天然木圆桌
清乾隆 286

242
天然木圆桌
清 287

243
天然木平头案
清乾隆 288

244
天然木罗汉床
清 289

245
天然木椅
清 290

246
天然木椅
清 292

家具实景陈设

247
太和殿内陈设 294

248
乾清宫内陈设 295

249
养心殿后寝殿内的紫檀云龙纹柜 296

250
养心殿西过道门内的穿衣镜 297

251
储秀宫西间北窗陈设 298

252
储秀宫东梢间陈设 299

253
储秀宫内黄花梨嵌玉盆架 300

254
长春宫东次间陈设 301

255
长春宫西次间挑杆灯 302

256
太极殿西次间南窗炕上家具陈设 303

257
崇敬殿正间内陈设 304

258
重华宫东梢间炕屏 305

259
重华宫东梢间陈设一角 306

260
重华宫西次间家具陈设 307

261
翠云馆内陈设一角 308

262
翠云馆内的隔扇及挂屏 309

263
翠云馆西梢间陈设 310

导言

清代新风格家具的形成

朱家溍

欣赏中国传统家具，常有偏重明代风格，而轻视清代新式家具的看法。应该说，明清两代都是中国传统工艺的兴盛期，家具亦如此。清代新风尚的家具，是时代审美变化的结果，明清家具合观，才能见到中国传统家具的全貌，而清代家具运用各种新工艺，造成各种新式样，其中亦有精品，是明及以前所未见的。

本卷收录清代硬木家具和漆家具精品，及小部分一般的漆家具和柴木家具。后者虽然不是家具中的精品，但从清代家具史的角度来看，却是用途最广的家具。不但民间百姓普遍使用，就是在紫禁城中的乾清门外军机大臣值房、军机章京值房、九卿值房、散秩大臣值房、内务府大堂、太和门内外两庑各库及内阁大堂等许多地方也都使用这类家具，其中"榆木擦漆"的桌、案、椅、凳、柜、架、箱、橱等，是这类家具中最有代表性的品种，在清代家具中占有重要的一席。本卷藏品均来自故宫博物院，故宫所藏清代家具，品种齐全、精品特多，于中国及全世界均可称首屈一指。

清代新式样家具的形成和特点

清代家具有一部分直接继承明代式样，并流传始终，被统称为"明式家具"，明代及清代明式家具在另卷介绍。到清康熙年间（1662—1722年），家具的制作才出现一些新的工艺、造型和装饰，这些新式样的家具被称为"清式家具"，是本卷介绍的内容。

过去根据家具的造型风格，通常把清代的家具分为四个时期：顺康（1644—1722年）、雍乾（1723—1795年）、嘉道（1796—1850年）、同光（1862—1908年）。和其他工艺品的发展规律一样，康熙、雍正、乾隆三朝的家具代表了清代家具制作的最高水平。乾隆以后，一切工艺美术品的水平下降，家具制造业也逐渐衰落。

由明式向清式家具风格变化的最早时间，现在还难以清楚划定，但根据实物和文献，已经可以勾出轮廓。清顺治年间（1644—1661年）和康熙初年所制作的工艺品，无论在式样还是风格上，完全承继明代，比如顺治年间刻的《孝经》、《资政要览》的字体、刀法、版式就和明朝的经厂刻本完全一样。因为当时的工匠主要还是明末的人，其作品没有发生什么变化。清代初年的家具制作也是如此，仍延续明代式样。加之清代家具中有款识的是极少数，大量清代家具是无款的，在考察中未见过顺治年款的家具，所以也就不能明确指出顺治年间家具与明代家具的区别。

家具风格的变化，从康熙后期，可以看到端倪，到雍正时已经有相当的发展。文物工作者们以往对于清代无款的工艺美术品，大都认为是乾隆年间的作品，现在根据《养心殿造办处活计清档》可知，很多以往认为乾隆造的家具，其实出于雍正时，或者雍正时的器物已有这种做法。在雍正、乾隆朝的档案中有很多制造家具的谕旨，例如造办处档案记载："雍正十年六月二十七日，内大臣海望奉上谕：着传旨年希尧，将长一尺八寸，宽九寸至一尺，高一尺一寸至一尺三寸香几做些来，或彩漆，或镶斑竹，或镶棕竹，或做洋漆，但胎骨要淳厚，款式要文雅。再将长三尺至三尺四寸，宽九寸至一尺，高九寸至一尺小炕案亦做些。或彩漆，或镶斑竹，或镶棕竹，但胎骨要淳厚，款式亦要文雅，钦此。"彩漆镶斑竹桌等等新颖的精致桌案，都是前所未见，细心寻绎这些档案记载，包括尺寸比例等，可见雍正朝已有很多新式样的家具。

社会的审美观，从欣赏纹饰、造型简洁的家具转向追求华丽繁缛，加上当时从广州进口洋货，嵌玻璃等新工艺传入中国，结合中国手工业技术水平的提高，清式家具的新工艺和风格，终于在雍正、乾隆两朝奠定。清式家具风格可以概括为"精巧华丽"四个字。

木匠行里流传一句古老的谚语："干活不由东，累死也无功。"意思是说，工匠必须尊重"东家"的好恶，在此前提之下，施展自己的才艺。有人喜欢仿古，有人追求出新，一时的风尚也会左右工匠的创作构思，也就影响家具造型的演变。清王朝虽然是满族建立的，但满族的文化比较落后，家具的制作和使用也极其简单。入关后，满族仍保留部分自己的传统文化，但更多的是吸收汉文化，反映在家具的制造和使用上也是如此。清式家具的出现，是经济发展、审美观念变化的结果，没有明清易代，仍然可以出现这种变化。从文献可知，康熙年间的汉族文人名士，也在改变家具的设计和制作观念。据清人刘廷玑的《在园杂志》记载："近日所用之墨及瓷器、木器、漆器仍遵其旧式，而总不知出自刘伴阮者。"刘伴阮名刘源，祥符（今河南开封）人，康熙年间曾供奉内廷，负责管理养心殿造办处。他在许多种工艺上都有自己独创的式样，而且多为后来者遵循。刘廷玑和刘源是朋友，所以刘廷玑的记载，当是可信的史料。清初浙江名士李渔（1610—1680年）的《笠翁偶集》也提到家具的设计和创作，他主张桌子多安抽屉，立柜要多加隔板和抽屉。另据《梦窗小牍》记载："大汕,字石濂,东吴僧,后主广州长寿寺。多巧思,以花梨、紫檀、点铜、佳石做椅、桌、屏、柜、架、盂、碗、杯诸物,往往有新意。持以饷诸当事及士大夫,无不赞赏。"由此可知,生活在康熙年间的大汕,也是对日后产生的广式家具颇有影响的木器设计者。刘源、李渔、大汕都是当时的名士,他们对家具的设计得到社会重视,改变了家具设计和制作一些旧有的模式,为清式家具的出现创造了条件。

清式家具的风格与室内装修的变化有很大关系。雍正御纂的《圣祖仁皇帝庭训格言》有这样一段话:"朕(康熙)从前曾往王大臣等花园游幸,观其盖造房屋率皆效法汉人,各样曲折隔断,谓之套房。彼时亦以为巧,曾于一两处效法为之。久居即不如意,厥后不为矣。尔等俱各自有花园,断不可作套房,但以宽广宏敞,居之适意为宜。"这说明在康熙年间盖造房屋效法汉人,成为一种新时尚。清代流行的室内装修多用细木制作装饰性很强的碧纱橱,精雕细刻的栏杆罩、落地罩、飞罩、炕罩等等,均体现了康熙说的"巧"的效果。雍正虽然把这条庭训记载下来,但并未严格执行。从圆明园的《陈设档》可以看到,宽广宏敞的房屋固然有,带有各样曲折隔断的房屋也不少。而室内陈设,有如建筑格局,既要合乎生活需要,也要美观。家具的陈设虽然没有什么公式,但需审度其造型和周围环境进行布置。室内环境变了,家具的风格也相应改变,既然室内装修很精巧,室内陈设的家具自然也相应精巧,再像明朝家具造型那么简练就不相配了。康熙后半期就有做得很细、很精致的家具,比如带康熙款的,嵌有几十种花纹的黑漆嵌螺钿的书架,说明从康熙年就开始做这种精巧华丽的作品了。雍正、乾隆时雕工和各种镶嵌装饰很多,硬木和漆可以结合,家具总体朝着精巧、华丽方向发展。

由这室内装修和陈设的变化,也做成清式家具与明式家具第二个不同点,即清代的许多家具都是"合着地步打就的",即是为某一个房间、某个地点特制的。由于套房流行,再按固定尺寸做家具,就容易与房间的大小不合衬,因而特意订制家具就增加了。也就是说,有固定位置的家具多起来,甚至可以为某一位置制作某一式样的家具。这种情况明代也有,但不多,雍正、乾隆时就比较普遍了。比如故宫三大殿内的宝座、屏风乃至柜格等,都做得比较高大,并通体饰金,就是为了适应宫殿威严、高贵的整体建筑风格。又如养心殿后寝殿内的紫檀云龙纹柜(图249),三柜合为一体,两高柜之间的空当上部作一垂花罩门,下部连一矮柜,既美观又庄重,且恰与墙的尺寸吻合,是专门为这里设计定做的。另一件养心殿西过道门内的穿衣镜(图250),由于地方狭小,故只设计成半出腿式,镜子的背面靠墙,不但节省了空间,而且可以为大臣觐见皇帝时整肃仪容之用。还有太极殿西次间南窗炕上(图256)的炕桌,其长度与炕的宽度相等,都属于按照"地步"打造的家具。故宫的养心殿西暖阁、三希堂、长春书屋等许多地方也是这种室内装修和陈设的典型代表。参看《红楼梦》第十七回,可知不光皇宫如此,外面的住宅也很讲究这种做法。这种专门为某些位置特制的家具,搬离该环境，单独去看，容易引起不合比例的意见。

康雍乾盛世以后，随着国势逐渐衰落，清式家具的制作水平也日趋下降，可与盛世时期媲美的家具精品不再出现。宫廷中所用家具更是江河日下，已无法同前期相提并论了。故宫藏有同治皇帝大婚时所制的一批以雕刻肿鼻子龙为特点的桌、椅、凳、柜和光绪年间重修颐和园以后新进的一批更为粗俗的硬木家具，是晚清的典型作品。

清式家具的制造者

内务府档案记载："雍正四年（1726）九月初四日，郎中海望持出榆木罩漆膳桌一张，奉旨：尔等做漆桌时照此桌款式，将上面水栏边放宽，批水牙收窄，其批水牙有尖棱处着更改，腿子下截放壮些，不必起线，上面应画何样花样，尔等酌量彩画，钦此。"可见当时宫中所用家具，主要是按照皇帝的要求制作的。但皇帝之外，也有其他设计宫中所用家具的人。雍正至乾隆年间，负责管理养心殿造办处事务的有海望和年希尧等人，同时也是宫中家具的设计者。据内务府档案记载："雍正二年八月初九日，员外郎海望画得花梨木书格样四张。"类似的记载在内务府档案中还有很多。年希尧、海望、唐英等既有艺术修养又具管理能力的人才，是怡亲王允祥兼管造办处时相继任用的，他是雍正最信任的兄弟，也是艺术修养很高的人。除了任用艺术管理人才，他并遴选了许多优秀工匠进入造办处。在档案中还见到部分优秀木匠的名单："雍正七年（1729）十月初三日，怡亲王府总管太监张瑞交来年希尧送来匠人折一件，内开……细木匠余节公、余君万等二名。祖秉圭处送来……木匠霍五、小梁、罗胡子、陈斋公、林大等五名。传怡亲王谕：着交造办处行走试看"。"海保送来匠人折一件，内开……木匠方升、邓连芳等"。皇宫中的家具，由于是挑选民间优秀的木匠到造办处来成造活计，这些工匠很自然要充分施展自己才能，把民间好的样式、花纹展现出来，生产出的家具必然会受民间流行的风尚影响。而造办处有些设计图样和工料由于要交给各地督抚、织造、关差来承办，也就会出现在民间作坊之中，使得民间争相效仿，也就自然影响到民间家具的发展方向。造办处的制作网是全国性的，因此根据宫中的家具，也可以看到民间流行使用的木器。

上列只是两份木匠名单，但足以说明当时造办处的木匠有广东和苏州两大来源。据史料记载，年希尧当时在江西监督烧造瓷器，他送来的细木匠，当是江南杰出的匠人。祖秉圭当时是粤海关监督，他送来的木匠当是广东木匠。海保是苏州织造，他送来的木匠当是苏州木匠。此外，造办处透过遴选，汇集了全国各地许多优秀工匠，他们不断将各地家具工艺融会贯通，从而形成了"京作"。具体说来，广作家具用料充裕，一件家具只用一种木材，绝不搀杂其他木材，且不加漆饰，各部构件不论弯曲度有多大，一般不用拼接做法，

而是由一块整料挖成。广作家具极重雕刻，多为高浮雕手法，装饰花纹在一定程度上受西方艺术影响，如本卷收录的红木云龙纹架子床（图1），用材充裕，器物虽大而一气呵成，又如紫檀嵌黄杨木卷草拐子纹宝座（图15）通体装饰大量西洋卷草纹，都是典型的广作家具风格。苏作早在明代已经形成，发展到清代受社会风气影响，开始追求纹饰繁缛。其用料比较节俭，家具总体尺寸较广作要小，且常用拼接技法，大件家具多以硬木作成框架，以柴木髹漆为面心，如紫檀嵌染牙菊花图宝座（图19），边框为紫檀料，而座面即为楠木。苏作家具装饰手法以镶嵌和彩绘为主，纹饰则采用传统题材，极少带有西洋痕迹，如紫檀百宝嵌花果图宝座（图22）即为此类。所谓京作家具，一般指清代宫廷造办处所做的家具，造办处工匠来自全国各地，生产的家具也就融合了多种风格，其用料多介于广作和苏作之间，一件家具不会掺杂多种木材。京作家具的装饰题材多源于宫内收藏的古代青铜器、玉器和石刻上的纹饰，常见各种龙纹、饕餮纹、云雷纹等，同时还有皇帝喜好的各种吉祥纹样。如紫檀福庆纹扶手椅（图37）和紫檀灵芝纹长桌（图100）等就是比较典型的京作家具。

清代硬木家具材质

故宫的清式家具以优质硬木家具为代表，其中紫檀占绝大多数，另有少量黄花梨、铁梨、乌木、鸡翅木等，其余则是漆家具和杂木家具，从总体上说与明式家具相比并无多大变化，但对材料的选择和使用却有所不同，在风格上更有比较明显的差异。

变化大体可分为三个阶段：康熙以前的家具仍保持明式风格，被划分到明式家具范畴，用材绝大多数为黄花梨木，其次是紫檀、铁梨、乌木、鸡翅木等，这种用材选择与当时的建筑特点密切相关。因为当时的建筑采用直棂门窗，然后糊纸，室内光线较暗，自然喜欢用色调明快的黄花梨或花梨木制作家具。除此以外，明朝后期开海禁以后，从海外输入中国的此类木材到清初还比较多，是影响选材的另一个重要原因。

康熙至乾隆为清代的鼎盛时期，家具制作工艺取得很大成就，尤以广州、苏州、北京三个城市的家具制作最为著名。此时生产的清式硬木家具材质以紫檀居多，其原因一是黄花梨木由于此前过度使用，到雍正年间已经匮乏；二是欧洲平板玻璃制造技术在此时传入中国，房屋的窗户由糊纸改为安装玻璃，室内采光条件明显改善，颜色深沉的紫檀开始受到青睐。当时所用的紫檀木大部分是明代开采的，数量也已经十分稀少珍贵。据史料记载，雍正时，臣子为请用紫檀木常要奏启主管造办处的怡亲王，遇有采购的机会，也会向民间采购，这些都说明当时高级木材的来源已经不太充裕。

嘉庆、道光（1796—1850年）以后，由于优质木材更加短缺，紫檀木也已经极其稀少珍贵，故晚清的硬木家具多以酸枝木（即红木）为主要材料，加之此时内忧外患不断，战乱频繁，国运衰落，手工业遭到极大的破坏，硬木家具工艺也呈衰败趋势。虽然硬木家具的生产始终未曾停止，但其数量、质量较之前代，均有明显的下降。而漆家具和杂木家具在宫廷中的使用则更加广泛，它们虽不能代表最优秀的清式家具，但却是清式家具重要的组成部分，且其中不乏工艺精美者。为反映清代家具全貌，本卷亦收录了一些漆家具和杂木家具。

清式家具分类说明

清式家具与明式家具一起，以其不同时代、不同特点，成为中国传统家具的优秀代表。本卷所选清式家具，依其造型和用途，分为六类，第一类为床、宝座；第二类为椅、凳、墩；第三类为桌、案、几；第四类为屏风；第五类为柜、格、箱、架；第六类为天然木家具。

第一类，床、宝座。主要有架子床、罗汉床和宝座。故宫收藏的清式床和宝座数量较明式的多，其风格与明式大不一样。

1. 架子床，本卷收录的红木云龙纹架子床（图1），形体宽大，用料充裕，床面四角及门柱的直径近10厘米，床围攒边镶板，板心厚度均在2厘米左右。用料之费，在明式家具中尚未见到过。

2. 罗汉床，在宫中绝大多数用于厅堂陈设，造型多取同一模式：床围是五屏或七屏式，正中稍高，两侧依次递减；多攒框镶心，上或透雕、或浮雕、或镶嵌、或彩绘，很少有攒楔作法，成为清式家具风格特点之一。

3. 宝座，清代宫中宝座数量较多，一般在皇帝和后妃寝宫的正殿明间，都陈设一组宝座，宝座周围常有屏风、宫扇、香筒、甪端、香几和太平有象等配合，是宫中一种特殊的陈设形式，象征皇权至高无尚。宝座都是单独陈设，而且要放在室内最显要位置。故宫太和殿中的金漆龙纹宝座，是最典型的代表。清代床、宝座中髹漆工艺有黑漆描金、紫漆描金、罩金漆和黑素漆嵌瓷四种，都是家具中的上乘精品。

第二类，椅、凳、墩。种类与明代大体相似，造型及装饰风格却大不相同。如黑漆髹金云龙纹交椅（图29），一改明式简练、舒展的风格，做成蜿蜒起伏的波浪式椅圈，扶手圆雕龙头，椅背雕云龙纹和道教象征五大名山的《五岳真形图》。极尽雕饰之能事，并两面贴金，显得异常华丽。

1. 交椅、圈椅。交椅和圈椅逐渐退出历史舞台。本卷收录的交椅，其中有两件是清代卤簿仪仗中的交椅（图31、图32），另一件红漆髹金云龙纹大交椅（图30）形体异常宽大，并非实用之物。圈椅在清代初期制作和使用已明显见少，至乾隆时期，前代器物虽然还继续使用，但基本上无人再制作了。

2. 官帽椅、扶手椅。官帽椅在清中期大量使用，但其风格特点却与清代康熙朝以前乃至明代的大不相同。明代流行四出头官帽椅和南官帽椅，而且背板多作曲线形。后边柱上部向后弯曲，形成一定角度的背倾角，使人坐起来更为舒适。而清中期的官帽椅的椅背大多垂直安装。椅背和扶手绝大多数做成屏风式，分三块，用走马销结合。正中稍高，两侧依次递减。面下多数都带束腰，直腿，回纹足，腿间横枨常常装在同一个水平线上，俗称"四面平"底枨（图40）。这些椅子与明式相比，虽然纹饰更为华丽，工艺也更加精湛，但却忽略了造型的科学性和实用性。

3. 靠背椅。没有扶手的椅子的统称。靠背椅依其搭脑两端是否出头，可分为"灯挂式"如黄花梨拐子纹靠背椅（图58）和"一统碑式"如黑漆描金福寿纹靠背椅（图61）两种，清代靠背椅使用较为普遍。

4. 凳。清式凳的造型也有别于明式，明式的枨子多数在腿的上截，清式的横枨多数在腿的下半截。且明式有相当数量的无束腰杌凳，而清式却很少见到。

5. 坐墩。坐墩又称"绣墩"，清式坐墩造型非常丰富，有圆形、海棠形、多角形、梅花形、瓜棱形等。明显较明式俊秀，普遍坐面较小，尤其是圆形坐墩，如紫檀云头纹五开光坐墩（图78）。而明式坐墩造型较墩实，少有如此修长俊秀者。清代的方凳、圆凳和坐墩一般都不大，宜设在小巧精致的房间，而且这类坐具四面都有装饰，最适宜不依不靠，哪里需要就设在哪里。比如储秀宫东梢间陈设（图252），墙和落地罩结合部的空间比较狭窄，而放置一坐墩，则显得恰到好处。

第三类，桌、案、几等承具。存量最多，品种也很丰富，大体包括桌、炕桌、案、炕案、炕几、香几等。清宫中正式的筵宴，保留历代大宴的惯例席地而坐，用矮桌；还有北京流行土木结合的木炕，面积比床大很多，因此炕桌、炕案、炕几等的需求量大，并且产生折叠腿、活腿等地下炕上两用的桌，以及拐弯掐坐褥的香几等等。这些尺寸较矮的桌、案、几，和抽屉桌逐渐多起来一样，是清代制作倾向。

1. 桌，有方桌、长桌、条桌、画桌等区别。清式桌大多都有束腰。牙条最常见的是正中下垂洼堂肚，或雕刻玉宝珠纹。足端削出硬角拐弯的回纹马蹄。用材方面也较前代丰富得多，除去各类优质木材之外，还有很多附属材料。如各种木雕，竹黄包镶、棕竹包镶、嵌竹、嵌影木心等。制作精巧，为前代所未有。

2. 案，泛指腿足由两端向里缩进安装，腿子外侧留有牙头的承具。案面有平头和翘头两种。面下牙条、牙头和腿子，有明式家具常见的夹头榫、插肩榫做法，又有托角榫，是清代常见的做法，但因嵌入腿足内，在外表较难辨认；面下牙条分三段安装，另在腿子两边镶牙头，腿子两侧只开出浅槽，不开透。腿足的做法大体分有无托泥两种。北京和苏州两地常用足下踩托泥造型；不用托泥的，将腿足向外撇出，为广式家具常见作法。案的种类有书案、画案、炕案等。炕案的作用相当于炕几，除了可供坐时凭伏外，形体稍大者，还可放在炕头放置器物。

3. 几，有高和低两种。高几又分香几和茶几。香几主要用于置炉焚香，以圆形居多，次为六、八角式，还有双环式、方胜式、梅花式、海棠式等。绝大多数都用三弯腿。茶几多为方形，个别也有长方的。直腿居多，高度大体与椅子的扶手相当，使用时放在两个椅子中间，摆放些茗瓶茶具。低几泛指各类炕几，它是床榻和茵席之上常用的家具，形体较小，腿足较短，很少用于放置器物，主要是供坐时凭伏。清代还保留一种弧形三足凭几，弧形曲面，两端及中间各垂一足，由于其弧形的特点，可以放在身体任意一侧使用，俗称"四面几"。这种几在魏晋南北朝时非常流行，到了清代，在皇帝出巡或狩猎的帐篷中多使用此几。

第四类，屏风。故宫收藏的清代屏风种类齐全，主要有插屏、挂屏、围屏、座屏等，数量亦多，很能体现清式家具的风采。此外，木炕流行，也催生了炕屏，炕屏是典型的清式家具。清代屏风用材广泛，各种木材；各种彩石、玉石；各种螺钿、象牙、兽骨；各种金属；各种纸制品；各种丝绣制品；各色漆；各色珐琅等，无所不有。

1. 插屏，在宫中普遍使用，而且这类屏风没有固定尺寸要求，大小不一，大者宽逾两米，高逾三米，有当门而设者，也有书桌、案头而设者。有既实用而又有观赏价值者，又有纯供观赏者，本卷所收的紫檀嵌木灵芝插屏

（图169）、花梨嵌玉璧插屏（图171）等，皆属此类。广州进口外国玻璃后，插屏安装"摆锡玻璃"成为穿衣镜，也是典型的清式家具。

2. 挂屏，指单扇，无座无脚，挂在墙上的屏风。故宫内此类屏风数量亦不少，多和其他家具配套使用，起装饰作用，如本卷收录的剔红兰亭雅集图挂屏（图181）。

3. 围屏，在清宫中占很大比重。由于轻巧灵便，可以随意折叠，一般用于临时陈设，有时也用来作娱乐活动。如乾隆御书夜亮木赋围屏（图192），就是乾隆将平时看书的随感，写成条幅，裱成屏风。有时也将大臣们的书画条幅裱在屏风上，如黑漆点翠万花献瑞图围屏（图188），屏心镶嵌通景花卉图纹，并题"万花献瑞"隶书文字，寓意吉祥。在众多围屏中，还有一套黑漆款彩围屏（图185、图186），共二十四扇，十二扇为一组，正面雕通景花鸟图，背面雕通景山水风景图，至今保存完好，仍绚丽多彩，是目前国内传世清式家具中极为罕见的品种。

4. 座屏，屏下有座，由多扇组成，形体较大，不易挪动，在室内陈设时位置相对固定。在皇宫各宫殿的正殿明间，都陈设一组屏风。屏风前配以宝座、香几、宫扇、仙鹤、烛台等，它是皇宫中特定的陈设形式，是皇权至高无尚的象征。还有一部分屏风是臣子为皇帝祝寿而制的，内容都是祝颂长寿的诗句或散文。如本卷收录的一套为康熙祝寿的屏风（图196、图197）。

第五类，柜、格、箱、架。

1. 柜，清代柜类家具品种有所增加，风格也与明式大不相同。明式柜大多以光素为主，而清式柜多饰有华丽的花纹，或雕刻、或镶嵌、或金漆彩绘，很少有光素的。如紫檀八宝八仙纹顶竖柜（图209）、紫檀龙凤纹立柜（图205）、紫檀雍正耕织图立柜（图204）等皆满饰图案花纹。另外镶玻璃、嵌竹丝、嵌瓷、嵌螺钿以及彩漆装饰的箱柜也很多。

宫中收藏的柜子大小不一，大者有坤宁宫和宁寿宫炕上陈设的两对大立柜。不但形体宽大，而且有三层顶柜，最高层紧贴天花板，总高度达5.185米，其次是太和殿陈设的一对大立柜，柜身高3.7米。小件日

用家具属于桌子、案子之上陈设的摆件，有小匣、小盒、小花几、小立柜等，小巧精致，属于文玩类，本卷均未收入。

2、格，在清代使用较为普遍，只是式样与明代稍有不同。明式格大多将上格部分做成四面透空，而清式格则将左右及后面用板封闭，因而不如明式柜格亮丽大方。格下的抽屉和柜门多刻上繁琐的花纹，有的花纹带有明显的西洋装饰风格，如紫檀西洋花纹小柜格（图228）将西洋卷草纹与传统的夔纹组合使用，构思独特，工艺精湛。清代自雍正朝开始，流行一种屉板高低错落的柜格，俗称"博古格"或"多宝格"（图213），专门用来在书房中陈放文玩古器，有浓厚的清式家具风格。此外，安装玻璃和洋锁也是新的东西。

3. 箱，本卷所收清代箱子，均为世不经见之物。紫檀银包角双龙戏珠纹箱（图235），雕刻花纹精美生动，箱子四角及箱座四角均包镶银质镀金包角；黑漆识文描金九龙纹长套箱（图234），系雍正元年为盛放孝陵所产蓍草而制，箱体分外、内箱两层，两箱通体黑漆地，全部用识文描金手法装饰云纹和龙纹。此箱在《养吉斋丛录》和《高宗御制诗》均有记载。另有柏木制成的冰箱（图236），系宫中夏季储冰消暑之物。

4. 衣架、盆架，清代衣架的造型结构较前代并无多大变化，只是用料和装饰却与前代大不相同。

盆架分高低两种形式，高的实际是结合巾架和盆架，又叫高面盆架。低的即腿足等高，上端和下端各装一组横枨，用于坐盆。还有的将其中四个头做成活榫，可以折叠。有的将腿下端向外撇出，增加稳定感。花架是晚清出现的新品种，本卷未收录。多用来放置花盆，因为常陈设在厅堂四角，故以方形居多。

第六类，天然木家具。天然木家具又称"树根家具"，是把树根、古藤、瘿木作必要的修整，用巧妙的手法拼接成家具形式，为家具工艺增添了色彩。

天然木家具虽很早就有记载，但明代才真正受到赏识，并竞相仿效，清代更是风行一时。不少文人画家还作专门的著录，并把此类家具绘入画中。至于实物，则在苏州庭园、北京颐和园、故宫都藏有一定数量的天然木家具，大到宝座、条案、方桌、大圆桌、扶手椅、茶几、条几，小到花插、笔筒等，品类众多，工艺精美。这些家具，表面看，似乎完全出自天然，丝毫不露斧斤痕迹，看不见接缝和铁钉。这就需要利用树根盘根错节、变化无穷的特点，巧妙拼合。造型上，还要具备家具的各种功能和形态。如天然木圆桌（图242），不但结构天衣无缝，而且可与天然木椅配套使用，既有观赏价值，又有实用价值。天然木家具与一般家具相比，有回归自然、品味高雅的效果。

（"清式家具分类说明"由胡德生执笔，朱家溍审定。）

床宝座

Beds and Thrones

1

红木云龙纹架子床
清
高240.5厘米 长256厘米 宽169厘米
清宫旧藏

Mahogany four-poster bed, decorated with dragon and cloud patterned carved openwork
Qing Dynasty
Height: 240.5cm Length: 256cm
Width: 169cm
Qing Court collection

床面上起六根雕龙立柱，立柱上部透雕云龙纹倒挂牙子，顶部安透雕云龙纹毗卢帽，立柱间饰以透雕云龙纹床围，床面下束腰，鼓腿彭牙，牙条及腿、足皆雕云龙纹。内翻马蹄。

此床用料丰厚，工艺精湛，整体感觉高大而不笨拙，为清代家具中的精品。

2

紫檀荷花纹床
清早期
高116.5厘米 长224厘米 宽132.5厘米

Red sandalwood bed, decorated with lotus patterned carved openwork
Early Qing Dynasty
Height: 116.5cm Length: 224cm
Width: 132.5cm

三屏风式床围透雕荷花莲蓬纹，床面装屉盘，面下束腰，鼓腿彭牙。束腰及牙条浮雕荷花莲蓬纹，腿、足处雕密不露地的荷花纹。内翻马蹄。

此床用材粗硕，纹饰雕刻精细，构图严谨。

3

黑漆嵌瓷山水图床
清康熙
高76厘米　长216厘米　宽107厘米
清宫旧藏

Black lacquered bed, decorated with pictures of landscape on porcelain inlays
Kangxi Period, Qing Dynasty
Height: 76cm　Length: 216cm
Width: 107cm
Qing Court collection

三屏风式床围上嵌绘有山水人物图的瓷片。床面外沿嵌绘花鸟、花蝶纹的瓷片。三弯腿嵌绘团凤祥云纹瓷片，外翻马蹄。

此床线条简练，给人以沉稳敦实之感，瓷片图纹绘制亦颇为精美，是康熙年间制作的家具精品。

4

黑漆描金卷草拐子纹床
清雍正
高71厘米　长185厘米　宽83厘米
清宫旧藏

Black lacquered bed, decorated with gold tracery scrolled grass and Kui[1] patterns
Yongzheng Period, Qing Dynasty
Height: 71cm　Length: 185cm
Width: 83cm
Qing Court collection

三屏风式矮床围透雕成圆璧及夔纹形状，上绘拐子及卷草纹。床面及侧沿亦有描金纹饰。面下束腰，饰水波纹，牙条及三弯腿饰卷草和拐子纹。外翻马蹄。

5

紫漆描金山水纹床
清雍正
高89.5厘米 长205厘米 宽110.5厘米

Purple lacquered bed, decorated with gold tracery landscape patterns
Yongzheng Period, Qing Dynasty
Height: 89.5cm Length: 205cm
Width: 110.5cm

五屏风式床围，采用攒框装板心工艺制成。屏心饰山水人物楼阁图，外框饰回纹。床围外侧及背面为折枝花卉图。床面藤编软屉，边沿饰缠枝花卉纹，牙条及床腿饰云蝠纹。内翻马蹄。

此床制作工艺精湛，纹饰精细，是雍正年间制作的家具精品。

6

紫檀嵌瓷花卉图床
清乾隆
高92厘米　长248厘米　宽131.5厘米
清宫旧藏

Red sandalwood bed, decorated with pictures of flowers on porcelain inlays
Qianlong Period, Qing Dynasty
Height: 92cm　Length: 248cm
Width: 131.5cm
Qing Court collection

七屏风式床围四面打槽装板，板中心嵌瓷片，瓷片上分别绘菊花、海棠、葵花、天竺等花卉草虫。落堂硬床屉，床面下束腰，鼓腿彭牙，壶门式牙条下垂洼堂肚。内翻马蹄。

7

红木九龙纹床
清乾隆
高101厘米　长269厘米　宽168厘米
清宫旧藏

Mahogany bed, decorated with carvings of nine dragons
Qianlong Period, Qing Dynasty
Height: 101cm　Length: 269cm
Width: 168cm
Qing Court collection

七屏风式床围雕九龙及夔龙纹。床面下束腰，雕如意纹，托腮雕水浪纹，牙条雕夔龙纹和玉宝珠纹。三弯腿，雕如意云头纹足。

此床雕刻工艺精湛，其样式、造型为典型的清代家具制作手法。

8

紫檀夔龙纹床
清乾隆
高92.5厘米　长200厘米　宽103.5厘米
清宫旧藏

Red sandalwood bed, decorated with carvings of Kui[1]-dragons
Qianlong Period, Qing Dynasty
Height: 92.5cm　Length: 200cm
Width: 103.5cm
Qing Court collection

七屏风式床围透雕夔龙纹，间有小花牙子。床面下束腰，牙条及腿部皆雕夔龙纹，回纹马蹄，下承托泥。

此床线条简练而雕工精细，为乾隆年间制作的家具精品。

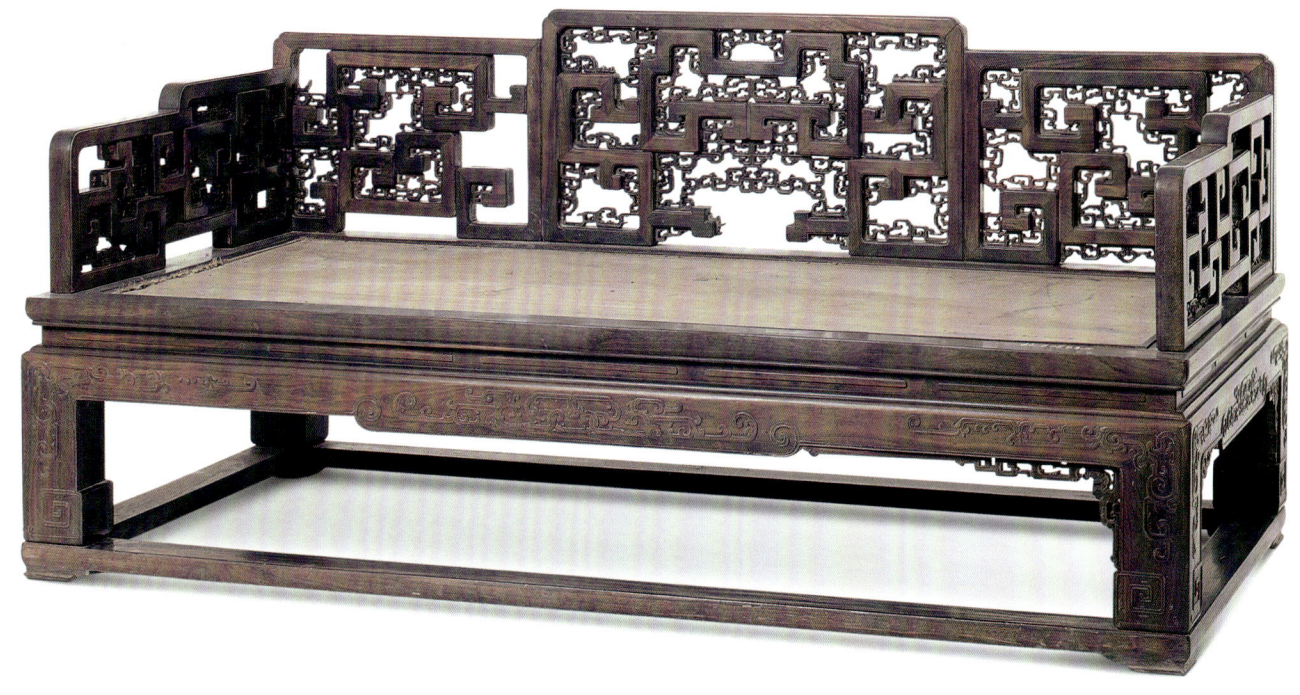

9

紫檀嵌楠木山水人物图床
清乾隆
高108.5厘米　长191.5厘米
宽107.5厘米
清宫旧藏

Red sandalwood bed, decorated with figurines and landscape patterns made of inlaid Nanmu[2] wood
Qianlong Period, Qing Dynasty
Height: 108.5cm　Length: 191.5cm
Width: 107.5cm
Qing Court colleciton

七屏风式床围,楠木心上雕表现农耕、渔樵等内容的山水人物图。席心床屉,床面下束腰,牙条雕玉宝珠纹及灯草线,腿部边缘亦起灯草线。卷云马蹄,下承托泥。

15

10

红木三多纹罗汉床
清晚期
高96厘米 长206厘米 宽110厘米
清宫旧藏

Mahogany Arhat³ bed, decorated with citron, peach and pomegranate patterns
Late Qing Dynasty
Height: 96cm Length: 206cm
Width: 110cm
Qing Court collection

七屏风式床围攒框镶心,"落堂踩鼓"起地雕佛手、桃、石榴三多纹,寓意"多福、多寿、多子"。硬屉衬席床面,束腰分段饰绦环板,下衬托腮。鼓腿彭牙,牙条与腿转角处透雕云纹角牙。内翻马蹄,下承托泥。

"落堂踩鼓"是床面、凳面及柜门的一种制作工艺,指面心或面心四边低于边框平面。

11

红木嵌铜缠枝花纹床
清
高109.5厘米 长188厘米 宽154厘米
清宫旧藏

Mahogany bed, decorated with intertwining floral patterns made with inlaid copper
Qing Dynasty
Height: 109.5cm Length: 188cm
Width: 154cm
Qing Court collection

七屏风式床围嵌铜制缠枝西番莲及卍字纹，床围下饰壸门式牙条，浮雕卷草纹，两侧床围有云纹站牙相抵。床面既宽且深，束腰上安立柱，嵌装三段浮雕卷草纹的绦环板，束腰下有托腮，鼓腿彭牙，壸门式牙条上雕夔龙纹，足踩圆珠，下承托泥。

此床结构复杂，做工精细，铜活纹饰细腻，是清代金属镶嵌工艺与木器家具结合的代表性作品。

12

紫檀夔龙纹床
清
高109厘米 长200厘米 宽93厘米
清宫旧藏

Red sandalwood bed, decorated with carvings of Kui[1]-dragons
Qing Dynasty
Height: 109cm Length: 200cm
Width: 93cm
Qing Court collection

七屏风式床围雕夔龙纹,贴草席硬床屉。面下束腰,上下各起阳线,牙条雕玉宝珠纹,方材直腿外缘起阳线,回纹马蹄,下承托泥。

13

红木嵌大理石罗汉床
清
高108厘米　长200厘米　宽93厘米
清宫旧藏

Mahogany Arhat[3] bed, decorated with marble panel inlays
Qing Dynasty
Height: 108cm　Length: 200cm
Width: 93cm
Qing Court collection

床围四边打槽攒框，中心装板，嵌天然山水纹大理石。落堂硬床屉，冰盘沿，床面下束腰，上下各起阳线，牙条浮雕玉宝珠纹，方材直腿外缘起阳线，回纹马蹄。

清代宫廷中的罗汉床一般用于客厅陈设，造型也基本相同。此床嵌天然山水纹大理石则颇为独到。

14

金漆龙纹宝座
清早期
高165厘米　长109厘米　宽60厘米
清宫旧藏

Gold lacquered throne, decorated with carvings of dragons
Early Qing Dynasty
Length: 165cm　Length: 109cm
Width: 60cm
Qing Court collection

五屏风式座围，上有透雕龙纹屏帽，两端垂云纹翘头。三扇背屏上分三段嵌装绦环板，上段及中段雕龙纹，下段镂出壸门亮脚。座面嵌装硬板，面下束腰，铲地浮雕结子花，有莲纹托腮。鼓腿彭牙，外翻足，做龙爪抓珠状。下承须弥座。座前附双层脚踏。

此座为奉先殿所用之物，是清宫中供奉的神位。一般在皇帝和后妃寝宫的正殿明间，都有一组宝座陈设，是皇权的象征。

15

紫檀嵌黄杨木卷草拐子纹宝座
清乾隆
高113厘米　长102厘米　宽80厘米
清宫旧藏

Red sandalwood throne, decorated with scrolled grass and Kui[1] patterns made with inlaid boxwood
Qianlong Period, Qing Dynasty
Height: 113cm　Length: 102cm
Width: 80cm
Qing Court collection

座围正中镶紫檀木板心，嵌黄杨木雕西洋卷草纹。欧洲巴洛克式搭脑，两侧雕夔龙首，扶手边框与后背边框连接，形成两条蜿蜒向上的夔龙。座面下束腰，浮雕窄绦环板。彭牙拱肩三弯腿，牙条浮雕西洋卷草纹和夔纹，外翻马蹄，下承托泥。

16

紫檀雕漆云龙纹宝座
清乾隆
高103厘米 长112厘米 宽85厘米
清宫旧藏

Red sandalwood throne, decorated with dragon and cloud patterns carved in lacquer
Qianlong Period, Qing Dynasty
Height: 103cm   Length: 112cm
Width: 85cm
Qing Court collection

九屏风式座围,内饰剔红海水江崖及云龙纹,后背五龙,两扶手各两龙,合为象征皇权的九龙。搭脑后卷。席心坐面,下有束腰,束腰上下装托腮,正中透雕炮仗洞。鼓腿彭牙,牙条下垂洼堂肚。大挖马蹄,下承托泥。

雕漆是先在木胎或金属胎上髹漆,之后在漆上雕刻图案,根据雕漆的颜色不同,又有剔红、剔黄、剔黑、剔彩等区别。此座刀法精密,圆润浑厚,不露刀锋,云纹舒卷生动,在雕漆家具中堪称珍品。

17

紫檀夔龙拐子纹宝座
清乾隆
高118厘米 长126厘米 宽104厘米
清宫旧藏

Red sandalwood throne, decorated with stylized dragon and Kui[1] patterns
Qianlong Period, Qing Dynasty
Height: 118cm Length: 126cm
Width: 104cm
Qing Court collection

座围皆以长短不一的小材料格角攒成对称的拐子纹，雕夔龙纹。藤心座面，面下以同样工艺攒成拐子纹支架，并以带屉底座固定。

此宝座工艺独特，既达到充分利用材料，使结构牢固的目的，同时又收到很好的装饰效果，给人以空灵秀丽之感。

18

紫檀嵌玉菊花图宝座
清乾隆
高108厘米　长110厘米　宽83厘米
清宫旧藏

Red sandalwood throne, decorated with pictures of chrysanthemums made with inlaid jade
Qianlong Period, Qing Dynasty
Height: 108cm　Length: 110cm
Width: 83cm
Qing Court collection

五屏式座围镶漆板，仿"周制"嵌玉雕菊花、洞石。搭脑后卷。席心座面，束腰镂空炮仗洞，下承托腮。鼓腿彭牙，牙条正中垂大洼堂肚。内翻马蹄，下承须弥座。

周制是清代康乾时期流行的一种家具镶嵌工艺，创始人是明嘉靖年间扬州的工匠周翥。特点是所镶嵌的纹饰隆起，具有立体感，有如浮雕。

19

紫檀嵌染牙菊花图宝座
清乾隆
高101.5厘米　长113.5厘米　宽78.5厘米
清宫旧藏

Red sandalwood throne, decorated with pictures of chrysanthemums made with inlaid, stained ivory
Qianlong Period, Qing Dynasty
Height: 101.5cm　Length: 113.5cm
Width: 78.5cm
Qing Court collection

五屏式座围，委角皆以铜制云纹面叶包裹，正中天蓝色漆地，上仿"周制"嵌染牙菊花图。座面楠木制，四角亦用铜制云纹包角，面下打洼束腰，齐牙条。拱肩直腿，内翻马蹄，云纹铜套足。

20

黑漆描金夔龙纹宝座
清中期
高121厘米　长137.5厘米　宽103厘米
清宫旧藏

Black lacquered throne, decorated with gold tracery Kui[1]-dragon patterns
Middle Qing Dynasty
Height: 121cm　Length: 137.5cm
Width: 103cm
Qing Court collection

三屏风式座围，山形靠背正中圆形开光内饰番草纹，两侧为夔龙纹，靠背背面开光内外皆为《山水楼阁图》。座面外沿和束腰上饰回纹及花卉纹，宽牙条、腿部间饰山水楼阁及花卉图纹。柱础式足。

21

紫檀嵌瓷福寿纹宝座
清中期
高106厘米　长91厘米　宽67厘米
清宫旧藏

Red sandalwood throne, decorated with inlaid porcelain panels featuring bats and the character "Shou" (longevity)
Middle Qing Dynasty
Height: 106cm　Length: 91cm
Width: 67cm
Qing Court collection

座围嵌蝠寿纹瓷片。搭脑凸起，嵌一块条形瓷片。座面镶嵌桦木板心，面下高束腰，下有托腮，鼓腿彭牙，牙条浮雕缠枝宝相花纹，云纹曲沿，正中垂洼堂肚。内翻马蹄，下承须弥座式托泥。

22

紫檀百宝嵌花果图宝座
清中期
高99厘米　长127厘米　宽78厘米
清宫旧藏

Red sandalwood throne, decorated with flower and fruit patterns made with inlaid gems
Middle Qing Dynasty
Height: 99cm　Length: 127cm
Width: 78cm
Qing Court collection

三屏式座围搭脑凸起似屏帽，向两侧延伸成帽翅状，雕海水云龙纹，边沿雕回纹。背板心淡蓝色漆地上以百宝嵌工艺饰葡萄及古树。座面攒边镶板心，面沿及腿、罗锅枨皆做双混面双边线。腿饰回纹，如意云头纹足。

23

红漆描金云龙纹宝座
清
高130厘米 长130厘米 宽68厘米
清宫旧藏

Red lacquered throne, decorated with gold tracery dragon and cloud patterns
Qing Dynasty
Height: 130cm Length: 130cm
Width: 68cm
Qing Court collection

五屏风式座围镶板心,饰云龙纹、卷草纹、蝙蝠纹,下透雕拐子纹亮脚。座面下的束腰、壶门式牙条及方材直腿上满饰蝙蝠、花卉拐子纹。回纹拐子形足,下承罗锅枨式托泥。座前附云纹脚踏。

24

剔红云龙纹宝座
清
高108.5厘米 长231厘米 宽125厘米
清宫旧藏

Red lacquered throne, decorated with carvings of dragons and clouds
Qing Dynasty
Height: 108.5cm Length: 231cm
Width: 125cm
Qing Court collection

三屏风座围双面饰《鱼龙变化图》。座面理沟填金饰五龙，一条正面龙，四条行龙，并满布海水纹，座边沿凸雕海水螭纹。座面下有海水纹束腰及牙条。内翻四足，下承雕海水纹托泥。

此宝座是目前所见剔红器物之最大者。

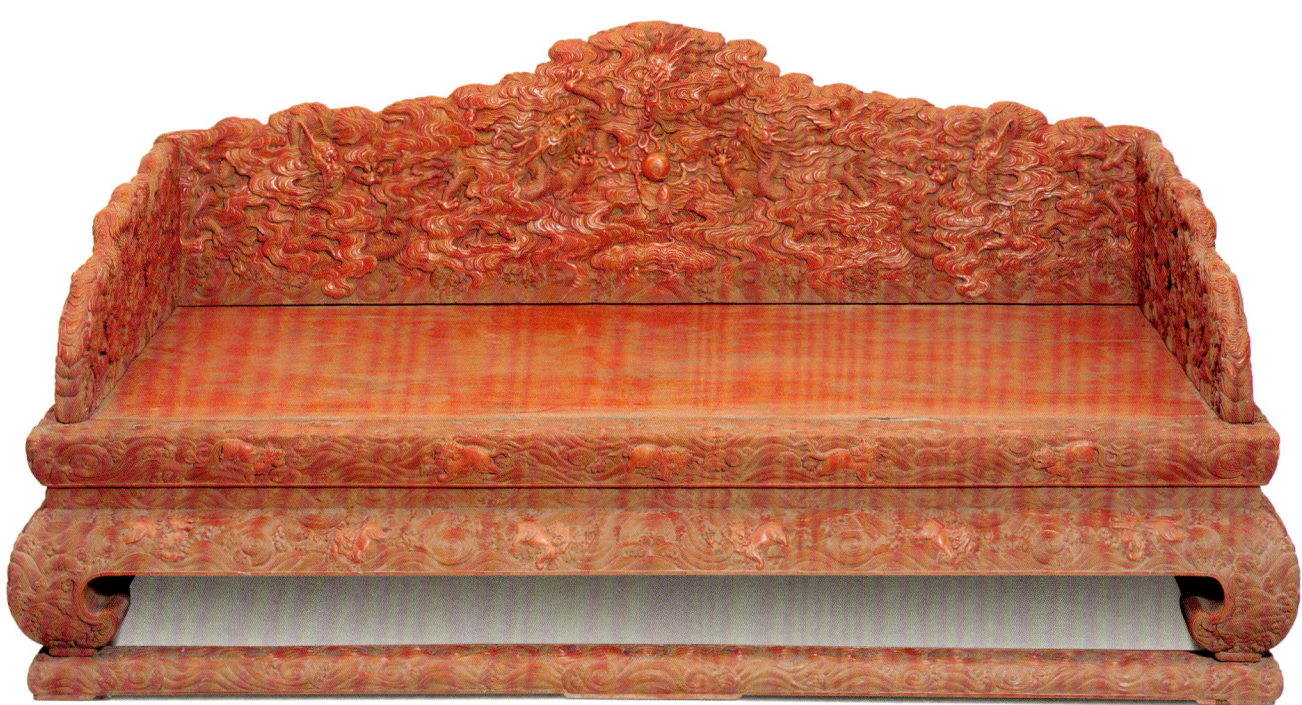

25

紫檀嵌黄杨木福庆纹宝座
清
高112厘米 长118厘米 宽76厘米
清宫旧藏

Red sandalwood throne, decorated with a pattern consisting of bats and the character "Shou" (longevity) made with inlaid boxwood
Qing Dynasty
Height: 112cm Length: 118cm
Width: 76cm
Qing Court colleciton

五屏风式座围镶嵌黄杨木满雕夔龙纹。靠背正中雕一蝙蝠纹悬磬，以谐音寓"福庆"之意。光素座面，外沿平直。面下束腰，上下托腮，牙条与直腿皆雕回纹。内翻马蹄，下承托泥。座前附长方形脚踏。

26

紫檀云龙纹宝座
清
高132厘米 长126厘米 宽75厘米
清宫旧藏

Red sandalwood throne, decorated with carvings of dragons and clouds
Qing Dynasty
Height: 132cm Length: 126cm
Width: 75cm
Qing Court collection

三屏风式座围镶板心，透雕云龙海水纹，边框雕卷草纹，扶手板心浮雕云龙纹。曲形搭脑雕祥云。座面光素，外侧冰盘沿，面下打洼束腰，面沿及束腰浮雕轮、螺、伞、盖、花、罐、鱼、肠八宝纹。三弯腿，腿、牙皆浮雕云龙纹，牙条正中垂洼堂肚。外翻马蹄，下承镶镂空双钱形托泥。

27

紫檀剔红嵌铜龙纹宝座
清
高110厘米　长105.5厘米　宽78厘米
清宫旧藏

Red sandalwood throne, decorated with dragon-patterned copper appliqués on carved red lacquer-ware panels
Qing Dynasty
Height: 110cm　Length: 105.5cm
Width: 78cm
Qing Court collection

九屏风式座围，以剔红卍字锦纹地，嵌菱形正面龙纹镀金铜牌。边沿浮雕云蝠纹和缠枝莲纹，座面为红漆地描金菱形花纹，边沿雕回纹，面下束腰嵌云龙纹镀金铜牌，牙条上雕蝠、桃、卍字及西番莲纹，寓"福寿无边"之意。腿部雕拐子纹，足下承雕回纹托泥。

28

黑漆描金海屋添筹图宝座
清
高107厘米 长138.5厘米 宽104厘米
清宫旧藏

Black lacquered throne, decorated with gold tracery Hai Wu Tian Chou[5] pictures
Qing Dynasty
Height: 107cm Length: 138.5cm
Width: 104cm
Qing Court collection

五屏风式座围靠背正中饰描金《海屋添筹图》，寓长寿之意，两侧饰《山水楼阁图》。座面饰描金花草纹，外沿饰描金回纹。束腰平直，曲形牙条与三弯腿饰描金山水、花草图纹，外翻云纹足。

"海屋添筹"寓"添寿"之意。传说海中有一楼，楼内有一瓶，瓶内储有世间人们的寿数，如能将一筹添入瓶中，便可多活百年。

椅凳墩

Chairs and Stools

29

黑漆髹金云龙纹交椅
清早期
高105.5厘米　长52.5厘米　宽41厘米
清宫旧藏

Black, lacquered folding chair, decorated with dragon and cloud patterns in gold lacquer
Early Qing Dynasty
Height: 105.5cm　Length: 52.5cm
Width: 41cm
Qing Court collection

五棱形椅圈与扶手前部龙首相连，整体形成两条蜿蜒的龙形。靠背板正面髹金漆雕"苍龙教子"，背面雕《五岳真形图》，衬以云水纹，道教认为此图象征华夏五大名山，佩带可以逢凶化吉。椅圈、背板及扶手间饰云纹，均髹金漆。席心座面，面前梁两端雕螭首，面下腿间透雕夔凤纹牙子。足下承托泥，前附脚踏。

交椅别称"胡床"，即前后腿相交为轴、座面能折叠的椅子，源于匈奴，便于游牧民族使用，后逐渐发展为皇帝出行仪仗（卤簿）中所用之物，多以韧性较好的楠木或楸木为骨架，外髹金漆。

39

30

红漆鬃金云龙纹大交椅
清早期
高121厘米　长107.5厘米　宽104厘米
清宫旧藏

Large, red lacquered folding chair, decorated with dragon and cloud patterns in gold lacquer
Early Qing Dynasty
Height: 121cm　Length: 107.5cm
Width: 104cm
Qing Court collection

五棱形椅圈与扶手处圆雕螭首相连，颇似两条蜿蜒曲折的螭龙。背板鬃金漆雕"苍龙教子"，双龙一上一下，大龙在云间叫海中小龙升天。席心座面，面下牙条上浮雕云龙纹，腿间透雕夔凤纹牙子。足下承托泥，前附脚踏。

31

金漆龙纹交椅
清早期
高100厘米　长70厘米　宽65厘米
清宫旧藏

Gold lacquered folding chair, decorated with dragon patterns
Early Qing Dynasty
Height: 100cm　Length: 70cm
Width: 65cm
Qing Court collection

椅圈自搭脑中部向两侧扶手一顺而下，弧度婉延流畅，扶手出头处雕卷草纹。靠背板中间加横枨，分段嵌装绦环板，将背板分成上下两部分，上段开光内雕正龙、海水江崖及祥云纹，下段雕卷草纹，透出云纹亮脚，靠背板与椅圈相交处及两侧扶手的下端均安有云纹角牙。座面为软屉，面下的前后腿相交处有铜镀金饰件连接固定。圆腿直足，下承长方形足托。

此椅制作精致，纹饰尊贵，是皇帝大驾卤簿和法驾卤簿中必备之物。

32

黄花梨直后背交椅
清
高105.5厘米　长55厘米　宽36.5厘米
清宫旧藏

Huanghuali[6] wooden folding chair with straight back
Qing Dynasty
Height: 105.5cm　Length: 55cm
Width: 36.5cm
Qing Court collection

卷书式搭脑，三屏风式直靠背，框内安透雕拐子纹的绦环板系壁花牙。丝编座面。方腿直足，下承长方形足托。

直后背交椅在清代极为流行，其靠背两侧外框多与椅子的腿足一木连做。此椅靠背另安，藉铜箍与椅横材连结。

33

榆木卷叶纹扶手椅
清早期
高98厘米　长58厘米　宽43厘米
清宫旧藏

Elm armchair, decorated with scrolled leaf patterns
Early Qing Dynasty
Height: 98cm　Length: 58cm
Width: 43cm
Qing Court collection

背板雕束带卷叶纹，扶手烟袋锅式，镰刀把式联帮棍。座面光素。椅盘下三面壸门式券口，圆腿直足，腿间安有步步高管脚枨。

此椅原为清宫军机处值房所用。榆木等柴木家具在清代使用范围最广。

34

紫檀描金万福纹扶手椅
清雍正至乾隆
高104厘米 长67厘米 宽57厘米
清宫旧藏

Red sandalwood armchair, decorated with gold tracery swastika and bat patterns
Yongzheng-Qianlong Period, Qing Dynasty
Height: 104cm Length: 67cm
Width: 57cm
Qing Court collection

靠背、扶手皆用小料做成拐子纹。靠背中心为卍字纹，边框上满绘蝙蝠、缠枝花纹，寓意"万福"。座面贴草席。面下束腰浮雕绦环板，上饰花卉纹，下有托腮。牙条正中垂带透孔洼堂肚。拱肩下浮雕云纹，展腿拐角处安卷云纹角牙。雕回纹内翻马蹄。

清式扶手椅重装饰和雕刻，但忽略了家具的科学性，大多靠背垂直，没有侧脚收分。坐靠并不舒适。

35

紫檀雕福庆纹藤心扶手椅
清乾隆
高85.5厘米　长53.5厘米　宽42厘米
清宫旧藏

Red sandalwood armchair with rattan seat, decorated with a carving of a bat holding a stone in its mouth[8]
Qianlong Period, Qing Dynasty
Height: 85.5cm　Length: 53.5cm
Width: 42cm
Qing Court collection

如意云头形搭脑与靠背板正中透雕蝙蝠衔磬，以谐音寓"福寿吉庆"之意，两侧饰拐子纹。藤心座面，面下束腰装托腮，拱肩直腿。内翻卷云纹足踩圆珠，下承椭圆形托泥。

36

紫檀嵌玉花卉纹扶手椅
清乾隆
高89.5厘米　长60厘米　宽42.5厘米
清宫旧藏

Red sandalwood armchair, decorated with a floral picture made with inlaid jade
Qianlong Period, Qing Dynasty
Height: 89.5cm　Length: 60cm
Width: 42.5cm
Qing Court collection

如意云头形搭脑与靠背、扶手的云头纹勾卷相连，靠背板正中嵌玉制花卉纹，下端镂出云头形亮脚。座面方中带圆，面下束腰雕连环云头纹，下有托腮。披肩式洼堂肚牙子雕鱼水纹。外翻如意形四足，下承委角方形托泥，带云头纹龟脚。

37

紫檀福庆纹扶手椅
清乾隆
高106.5厘米 长63.5厘米 宽48厘米
清宫旧藏

Red sandalwood armchair, decorated with carvings of a bat holding a stone in its mouth[8]
Qianlong Period, Qing Dynasty
Height: 106.5cm Length: 63.5cm
Width: 48cm
Qing Court collection

靠背板上雕蝠磬纹，寓"福庆"之意。搭脑、立柱透雕卷云纹，与背板相连，背板与立柱的内边均透雕拐子纹，两侧扶手婉转而下，成卷云状。扶手中间透雕立瓶式拐子纹。座面下束腰并透雕拐子纹角牙。腿间安有四面平管脚枨。

38

鸡翅木嵌乌木龟背纹扶手椅
清乾隆
高83厘米 长54厘米 宽42厘米
清宫旧藏

Jichimu[9] wooden armchair, decorated with ebony inlays and tortoiseshell-patterned carvings
Qianlong Period, Qing Dynasty
Height: 83cm Length: 54cm
Width: 42cm
Qing Court collection

靠背以两卷云纹相抵作框架,正中镶板,透雕龟背锦纹为地。其上浮雕珪形框,两侧为圆形开光透洞,扶手亦取同样作法。座面下打洼高束腰,透雕龟背锦纹。鼓腿彭牙,大挖马蹄下承托泥。

此椅表面打槽镶嵌随形乌木细丝,呈现不同色彩和质感。

39

紫檀西洋花纹扶手椅
清乾隆
高117.5厘米　长66厘米　宽51.5厘米
清宫旧藏

Red sandalwood armchair, decorated with Western style carvings
Qianlong Period, Qing Dynasty
Height: 117.5cm　Length: 66cm
Width: 51.5cm
Qing Court collection

靠背板作瓶形，雕西洋花纹。靠背边框及扶手亦西洋式与巴洛克式搭脑相连，座面下束腰雕卷云纹。曲边牙条上雕西化了的玉宝珠纹。三弯腿，上部雕西洋花纹。鹰爪抓珠式足，下承带龟脚托泥。

40

紫檀福寿纹扶手椅
清乾隆
高108.5厘米　长65.5厘米
宽51.5厘米
清宫旧藏

Red sandalwood armchair, decorated with carvings of bats[1] and the character "Shou" (longevity)
Qianlong Period, Qing Dynasty
Height: 108.5cm　Length: 65.5cm
Width: 51.5cm
Qing Court collection

靠背正中搭脑凸起，靠背板雕"寿"字和蝙蝠，扶手为四回纹形，整体造型寓意"福寿无边"。座面下束腰平直。方腿直足，各上角皆饰托角牙，四面平底枨。

此椅系乾隆年间万寿庆典所用之物。

41

紫檀嵌黄杨木蝠螭纹扶手椅
清乾隆
高99厘米 长66厘米 宽51厘米
清宫旧藏

Red sandalwood armchair, decorated with bat[4] and hornless dragon patterns made with inlaid boxwood
Qianlong Period, Qing Dynasty
Height: 99cm Length: 66cm
Width: 51cm
Qing Court collection

靠背板雕成瓶式,上嵌蝙蝠及双螭纹,曲线形搭脑雕云纹与扶手上沿系一木锼成。座面侧沿混面,束腰上下托腮,牙条透雕拐子纹。方腿内侧起单边线,四面平底枨起双边线,与腿、牙线脚交圈。

42

紫檀竹节纹扶手椅
清乾隆至嘉庆
高93厘米 长58厘米 宽49厘米
清宫旧藏

Red sandalwood armchair, carved to resemble jointed bamboo
Qianlong-Jiaqing Period, Qing Dynasty
Height: 93cm　Length: 58cm
Width: 49cm
Qing Court collection

搭脑、靠背及扶手均仿竹节，靠背板自上而下由三段攒成，形成长方形圈口，扶手用攒拐子作。座面镶硬屉板，座边沿亦雕竹节纹，座面之下安有弓背牙子，圆材直腿，四面平式管脚枨。牙子、腿、足及枨上皆雕成竹节状。

43

紫檀夔凤纹扶手椅
清
高81厘米 长53厘米 宽42厘米
清宫旧藏

Red sandalwood armchair, decorated with Kui[1]-phoenix patterns
Qing Dynasty
Height: 81cm Length: 53cm
Width: 42cm
Qing Court collection

卷书式搭脑,开夔凤衔尾纹透孔。靠背板分两段攒成,上段开长方形亮洞,下段锼出云头形亮脚,靠背板与边框之间以拐子纹攒成。两侧扶手与靠背活榫相接。座面装硬板,面下束腰。腿间安四面平底枨,内翻马蹄。

44

红漆描金夔龙福寿纹扶手椅
清
高94厘米　长62厘米　宽48厘米
清宫旧藏

Red lacquered armchair, decorated with gold tracery pictures of Kui[1]-dragons, bats[1] and the character "Shou" (longevity)
Qing Dynasty
Height: 94cm　Length: 62cm
Width: 48cm
Qing Court collection

卷书式搭脑与靠背板连为一体，绘双夔龙蝠寿纹，下端透雕云纹亮脚。扶手框、靠背框亦花牙式相接。座面理沟戗金五蝠捧寿纹，前伸弯转下垂至地面，形成鱼肚圈口，圈口沿饰双龙及缠枝花卉纹。方腿，三面横枨，两侧横枨攒拐子纹。

此椅前两腿与座面实为一体，其造型在同类椅中颇为独特。

45

棕竹嵌玉三羊开泰纹扶手椅
清
高93.5厘米　长65厘米　宽51.5厘米
清宫旧藏

Black bamboo armchair, decorated with a pattern of three rams made with inlaid jade
Qing Dynasty
Height: 93.5cm　Length: 65cm
Width: 51.5cm
Qing Court collection

靠背板髹黑漆，上部为描金双夔龙纹；正中嵌青玉片，上为菱形，镂雕夔龙玉璧纹；下为长方形，雕《三羊开泰图》。搭脑略后卷。靠背两侧与扶手呈拐子纹。坐面及侧沿饰描金漆卷草及拐子纹。四腿及枨子或四劈料，或二劈料攒成。牙条、枨子下部及扶手、靠背的空当处，均以湘妃竹攒成拐子纹镶嵌花牙，棕竹和湘妃竹外露的断面都以象牙片封堵。

46

紫檀云蝠纹扶手椅
清
高91厘米 长66厘米 宽51厘米
清宫旧藏

Red sandalwood armchair, decorated with bat[4] and cloud patterned carvings
Qing Dynasty
Height: 91cm Length: 66cm
Width: 51cm
Qing Court collection

靠背板分三段攒成，上段与中段均为落堂踩鼓做，上段"凸"字形开光内雕云蝠纹，中段长方形开光，内雕云蝠纹，下段雕蝠纹为亮脚，靠背立柱与扶手为攒拐子做。座面下束腰雕卷草纹。直腿上端安罗锅枨，下接管脚枨，内翻回纹马蹄。

47

紫檀拐子纹扶手椅
清
高92.5厘米　长58厘米　宽47厘米
清宫旧藏

Red sandalwood armchair, decorated with Kui[1] patterns
Qing Dynasty
Height: 92.5cm　Length: 58cm
Width: 47cm
Qing Court collection

靠背板锼空拐子纹。框式扶手，镶拐子纹立柱。座面四角攒边框镶板心。面下有回纹式牙条，腿内侧起阳线，与座面边框棕角榫相连，四面平管脚枨下连罗锅枨。

48

鸡翅木嵌正龙纹扶手椅
清
高108.5厘米 长66.5厘米 宽50.5厘米
清宫旧藏

Jichimu[9] wooden armchair, decorated with a dragon pattern on inlaid jade
Qing Dynasty
Height: 108.5cm Length: 66.5cm
Width: 50.5cm
Qing Court collection

靠背板及扶手雕螭纹,靠背中心嵌墨玉,其上阴刻描金正龙纹。座面下束腰,有透雕螭纹角牙。方腿内侧边缘起阳线,四面平式管脚枨,内翻回纹马蹄。

59

49

黑漆描金西洋花草纹扶手椅
清
高102.5厘米 长57厘米 宽47厘米
清宫旧藏

Black lacquered armchair, decorated with Western styled, gold tracery flower and grass patterns
Qing Dynasty
Height: 102.5cm   Length: 57cm
Width: 47cm
Qing Court collection

靠背板饰描金西洋式团花及卷草纹，下有拱券形开光，开光两侧及扶手雕成回纹形状。座面镶装板心，面下正面为壶门式券口牙条，上雕云龙纹。四腿带叉，上收下张，饰描金花草纹。步步高管脚枨雕龙首。

此椅扶手和搭脑两端均不出头，此式样又名"南官帽式椅"。

50

榆木异兽纹扶手椅
清晚期
高104厘米　面径56厘米
清宫旧藏

Elm armchair, decorated with patterns made up of rare animals
Late Qing Dynasty
Height: 104cm　Diameter of top: 56cm
Qing Court collection

靠背四抹攒框镶板，边框雕拐子纹，板心上部雕凤，下部雕麒麟，中间一块雕《鱼龙变化图》，两侧为博古纹。四角留四透孔，镶透雕拐子纹花牙。扶手由三条缠绕蜿蜒的虬龙组成，空隙处镶透雕花牙。座面下呈香几形，束腰浮雕卷草纹，牙条浮雕夔龙及卷云纹。三弯腿，圆雕龙首形足，下承圆形托泥。

此椅一反清代扶手椅的造型，将座面下设计成香几形，优美独特。

51

黄花梨福寿纹矮坐椅
清早期
高74厘米 长78厘米 宽58厘米
清宫旧藏

Low, Huanghuali[6] wooden armchair, decorated with a pattern consisting of Kui[1]-dragons, bats[4] and a circular "Shou" (longevity) character
Early Qing Dynasty
Height: 74cm Length: 78cm
Width: 58cm
Qing Court collection

卷书式搭脑，靠背板攒框镶心，正中雕双夔龙及蝙蝠、团寿字纹，寓"双龙捧寿"和"福寿"之意，两侧以攒拐子纹与背板连接，扶手亦取同样作法。藤心座面，下有束腰，牙条下装镂空拐子形花牙。方腿，内翻马蹄，下承托泥。

此椅又宽又大，靠背却比较矮小，不合常规尺寸，据史料可知是船上所用，其宽大的体积可以增强稳定性。

52

紫檀嵌粉彩四季花鸟图瓷片椅
清雍正
高88.5厘米 长55.5厘米 宽44.5厘米
清宫旧藏

Red, sandalwood chair, decorated with inlaid porcelain panels with pictures of birds and flowers made from famille rose[10]
Yongzheng Period, Qing Dynasty
Height: 88.5cm Length: 55.5cm
Width: 44.5cm
Qing Court collection

七屏风式椅围和卷书式搭脑，皆紫檀木边框镶瘿木心，嵌寓意吉祥的粉彩四季花鸟图瓷片，座面下束腰嵌瘿木，下有托腮，牙条正中垂回纹洼堂肚。腿间安有四面平管脚枨，回纹马蹄。

53

紫檀嵌桦木夔凤纹椅
清雍正至乾隆
高92.5厘米　长85.5厘米　宽44厘米
清宫旧藏

Red sandalwood chair, decorated with inlaid birch wood and carvings of Kui[1]-phoenixes
Yongzheng-Qianglong Period, Qing Dynasty
Height: 92.5cm　Length: 85.5cm
Width: 44cm
Qing Court collection

三屏风式椅围，皆紫檀木内镶桦树瘿木心，浮雕回纹及拐子纹，正中雕夔凤纹。搭脑正中后卷，靠背及扶手均为直角活榫组合，可以拆装。席心座面，直束腰，下装托腮。牙条正中垂洼堂肚，腿间安有四面平底枨，云头纹足。

54

紫檀嵌桦木竹节纹椅
清乾隆
高107厘米 长64厘米 宽49.5厘米
清宫旧藏

Red sandalwood chair, decorated with inlaid birch wood and jointed bamboo patterns carved in relief
Qianlong Period, Qing Dynasty
Height: 107cm Length: 64cm
Width: 49.5cm
Qing Court collection

靠背及扶手边框雕竹节形，内镶桦木心。桦木心被紫檀框分成如意和回纹状。座面下束腰，牙条、腿、足及四面平式管脚枨均雕竹节纹。

55

紫檀西番莲纹椅
清
高110厘米 长56厘米 宽52厘米
清宫旧藏

Red sandalwood chair, decorated with dahlia patterns
Qing Dynasty
Height: 110cm   Length: 56cm
Width: 52cm
Qing Court collection

如意形搭脑，靠背板和扶手板上满雕西番莲纹。座面下束腰，壸门式牙条满雕西番莲纹。三弯腿，卷叶纹马蹄，下承托泥。

56

紫檀福庆如意纹椅
清
高108厘米 长66厘米 宽51.5厘米
清宫旧藏

Red sandalwood chair, decorated with bat[4] and ruyi[11] patterns
Qing Dynasty
Height: 108cm　Length: 66cm
Width: 51.5cm
Qing Court collection

卷书式搭脑，靠背板正中雕蝠磬纹及如意云头纹，寓意"福庆如意"，靠背板两侧及扶手雕拐子纹。束腰平直，下雕拐子纹花牙。腿内侧起阳线，安四面平管脚枨。

57

紫漆描金卷草纹靠背椅
清雍正至乾隆
高90厘米 长51厘米 宽41.5厘米
清宫旧藏

Purple lacquered wooden chair, decorated with gold tracery scrolled grass patterns
Yongzheng-Qianlong Period, Qing Dynasty
Height: 90cm   Length: 51cm
Width: 41.5cm
Qing Court collection

卷云形搭脑、方瓶式背板、座沿与束腰均饰卷草纹。牙条饰描金夔纹间杂宝纹，两端透雕云纹，披在腿外，成展腿式，腿间有步步高管脚枨，腿和枨亦饰卷草纹。

58

黄花梨拐子纹靠背椅
清乾隆
高121厘米 长56厘米 宽44厘米

Huanghuali[6] wooden chair, decorated with Kui[1] patterns
Qianlong Period, Qing Dynasty
Height: 121cm Length: 56cm
Width: 44cm

卷云纹搭脑两端出头，靠背板与立柱均做弯曲状，背板浮雕拐子纹，背板下端安角牙，立柱与搭脑相接处有倒挂牙，立柱与座面相交处有坐角牙。落堂式座面下为卷云纹牙子。方腿直足，步步高管脚枨。

靠背椅搭脑两端出头者，称"灯挂式"。

59

竹框黑漆描金菊蝶纹靠背椅
清乾隆
高101厘米　长48厘米　宽39厘米
清宫旧藏

Bamboo framed, black lacquered chair, decorated with gold tracery chrysanthemum and butterfly patterns
Qianlong Period, Qing Dynasty
Height: 101cm　Length: 48cm
Width: 39cm
Qing Court collection

靠背板湘妃竹攒边，板心上部为描金蝠磬纹，并在圆形开光内嵌湘妃竹团寿字，寓意"福寿吉庆"；下部饰描金菊花、蝴蝶图。座面下有湘妃竹攒拐子纹花牙。四劈料式腿及管脚枨。

60

紫漆描金福寿纹靠背椅
清
高102.5厘米　长48.5厘米　宽39.5厘米
清宫旧藏

Purple lacquered chair, decorated with gold tracery patterns consisting of bats[4] and the character "Shou" (longevity)
Qing Dynasty
Height: 102.5cm　Length: 48.5cm
Width: 39.5cm
Qing Court collection

靠背板描金绘蝙蝠、"寿"字、卷草纹，寓意"福寿"。外侧呈双交绳式边框，边框内角有透雕卷草纹描金花牙。座面下束腰。腿间安横枨，正面牙条与横枨下有描金牙子。侧面两横枨皆镶透雕卷云纹描金花牙。

61

黑漆描金福寿纹靠背椅
清
高103厘米 长51.5厘米 宽43.5厘米
清宫旧藏

Black lacquered chair, decorated with gold tracery patterns consisting of bats[4] and a circular "Shou" (longevity) character
Qing Dynasty
Height: 103cm Length: 51.5cm
Width: 43.5cm
Qing Court collection

靠背板透雕卷云纹，满饰描金蝙蝠、团寿字、杂宝、番莲纹。座面正中勾莲纹开光内外皆饰描金花卉，座面两侧及前缘牙条透雕云蝠纹，腿部亦饰描金花卉纹，四面平底枨饰卷草纹，下装牙条，饰卷云、蝠磬、方胜纹，寓意"福庆吉祥"。

此椅背板垂直，搭脑两端不出头，又称"一统碑式椅"，为典型的清式家具。

62

黑漆描金花草纹双人椅
清
高96厘米　长96厘米　宽42厘米
清宫旧藏

Black lacquered double chair, decorated with gold tracery flower and grass patterns
Qing Dynasty
Height: 96cm　Length: 96cm
Width: 42cm
Qing Court collection

双靠背的内侧边框、座面和内侧前后两腿均连为一体，靠背板分三段攒成，上段饰描金卷浪纹，雕圆形旋涡纹；中段为长方形开光，饰描金花草纹；下层镂出云头形亮脚，其上亦为描金花纹。靠背板下方安横枨，镶壸门券口。座面下束腰，束腰下为描金螭纹券口牙子。外侧四足为内翻马蹄，中间二足为双翻马蹄。

此椅可供双人同时坐，古时亦称"春椅"，其特点是似两椅整体相连，有双靠背和六腿足，此种做法既节省了材料，又显示出整体造型的协调一致，颇见匠心。

63

黄花梨玉璧纹圆凳
清乾隆
高45厘米 面径36厘米
清宫旧藏

Round Huanghuali[6] wooden stool, decorated with "Bi" (a round flat piece of jade with a hole in its centre) patterns
Qianlong Period, Qing Dynasty
Height: 45cm Diameter of top: 36cm
Qing Court collection

圆凳高束腰，雕六个长方形卷珠纹开光，束腰下有托腮，鼓腿彭牙，牙条浮雕海棠式珠花。腿上下两端雕勾云纹玉璧，璧中心雕花朵纹，腿中间浮雕海棠式珠花。下承须弥式底座。

清代凳和墩的体积较小，且四面均有纹饰，使用和摆放比较随意。

64

剔黑彩绘梅花式凳
清乾隆
高50厘米 面径30厘米
清宫旧藏

Carved, black lacquered stool, with a plum blossom shaped top
Qianlong Period, Qing Dynasty
Height: 50cm Diameter of top: 30cm
Qing Court collection

凳面梅花形，以彩绘冰纹及黄色海水纹锦为地，饰白色梅花，边沿雕回纹，侧沿饰回纹和蕉叶纹。面下有蕉叶纹束腰，上下回纹托腮，牙条雕回纹和变形蕉叶纹。腿上满布六方剔花锦纹，起回纹中线，腿间安有双环绳纹枨，内翻马蹄，下承卍字锦纹梅花形托泥。

65

紫檀小方凳
清乾隆
高41.5厘米 面径37厘米
清宫旧藏

Small, square, red sandalwood stool
Qianlong Period, Qing Dynasty
Height: 41.5cm Diameter of top: 37cm
Qing Court collection

凳面边沿雕玉宝珠纹，面下束腰起长方形阳线，牙条、凳腿、上下横枨均起槽镶铜线，方腿直足，下踩圆珠。

66

紫檀嵌珐琅漆面团花纹方凳
清乾隆
高43厘米 面径38厘米
清宫旧藏

Square, red sandalwood stool with lacquered seat, decorated with flower posy patterns made with inlaid enamel
Qianlong Period, Qing Dynasty
Height: 43cm Diameter of top: 38cm
Qing Court collectiona

凳面饰黑漆描金蝙蝠勾莲团花纹，四周饰描金螭纹，边缘雕回纹锦，四角嵌珐琅片，下承嵌珐琅瓶式柱，牙条雕蟠螭纹，与凳腿上皆镶嵌铜胎珐琅螭纹。回纹足，下承托泥。

67

紫檀嵌竹冰梅纹梅花式凳
清乾隆
高46厘米　面径34厘米
清宫旧藏

Red sandalwood, plum blossom shaped stool, decorated with ice crackle and plum blossom patterns made from inlaid bamboo strips and carvings
Qianlong Period, Qing Dynasty
Height: 46cm　Diameter of top: 34cm
Qing Court collection

凳面侧沿起槽以竹丝随形镶嵌合匝。面下高束腰，打洼线条，浮雕冰梅纹。束腰下有托腮，牙条及上下两道硬角罗锅枨俱随凳面为梅花形，中心镶嵌竹丝。凳腿中心亦镶嵌竹丝。

此凳造型构思巧妙，竹丝与紫檀色彩搭配明显，装饰效果独到。

68

紫檀云龙纹海棠式凳
清乾隆
高52.5厘米　长35厘米　宽28厘米
清宫旧藏

Red sandalwood stool with a begonia-shaped seat, decorated with dragon and cloud patterned carvings
Qianlong Period, Qing Dynasty
Height: 52.5cm　Length: 35cm
Width: 28cm
Qing Court collection

凳面海棠花形，侧沿雕两道两头打结的细绳纹，面下打洼束腰，上雕蕉叶纹，牙条及腿上部雕云龙纹，腿正面亦雕两道细绳纹。卷云形足，下承海棠式托泥，带龟脚。

69

方形抹角文竹凳
清中期
高46厘米 面径34.5厘米
清宫旧藏

Square bamboo stool with beveled edges
Middle Qing Dynasty
Height: 46cm Diameter of top: 34.5cm
Qing Court collection

凳木胎，通体文竹包镶。方形抹角凳面，面下束腰的四面有矩形开光，束腰上下装有托腮，鼓腿彭牙，回纹式牙条。内翻马蹄，下承托泥，托泥亦随凳面为方形抹角，上下呼应。

70

紫檀如意纹方凳
清中期
高50.5厘米　长41.5厘米　宽35厘米
清宫旧藏

Square red sandalwood stool, decorated with a Ruyi[11] pattern
Middle Qing Dynasty
Height: 50.5cm　Length: 41.5cm
Width: 35cm
Qing Court collection

凳面四角攒框镶板，面下打洼束腰，上下托腮。牙条与管脚枨连接凳腿，形成券门，券内镶绦环板，雕回纹锦及如意云头纹。四腿外角作劈料状，足下承托泥，带龟脚。

71

紫檀双龙戏珠纹六方凳
清中期
高50厘米 面径36厘米
清宫旧藏

Hexagonal, red sandalwood stool, decorated with carvings of twin dragons playing with a pearl
Middle Qing Dynasty
Height: 50cm Diameter of top: 36cm
Qing Court collection

凳面六角形，侧沿呈弧形，俗称泥鳅背。面下平直束腰，上下托腮，腿内侧起阳角线，镶嵌透雕双龙戏珠纹的绦环板，绦环板开光边沿雕绳纹，管脚枨式托泥，带龟脚。

72

紫檀嵌玉团花纹六方凳
清
高47厘米 面径35.5厘米
清宫旧藏

Hexagonal red sandalwood stool, decorated with flower posy patterns made with inlaid jade
Qing Dynasty
Height: 47cm　Diamete of top: 35.5cm
Qing Court collection

凳面中间镶嵌由紫檀木条拼成的卍字锦纹，侧沿平直。打洼束腰，镶嵌十二片绿地卷草纹掐丝珐琅，上下托腮雕莲瓣纹。鼓腿彭牙，下垂洼堂肚。腿、牙镶嵌白玉雕蝙蝠、团花及草龙纹饰。内翻马蹄，下承托泥，带龟脚。

73

紫檀灵芝纹方凳
清
高47.5厘米 面径33.5厘米

Square, red sandalwood stool, decorated with carvings of lingzhi[12] (magical fungus)
Qing Dynasty
Height: 47.5cm
Diameter of top: 33.5cm

凳面下有束腰，鼓腿彭牙，正面牙条中央雕一下垂灵芝，腿间四枨相连，两侧横枨上则雕向上灵芝，与牙条相呼应。

此凳结构简单，却有饱满、敦实之感，自面沿以下满饰灵芝纹，却不显繁缛，充分展示工艺的和谐美感。

74

紫檀如意云头纹方凳
清
高43厘米 面径37厘米
清宫旧藏

Square, red sandalwood stool, decorated with ruyi[11] patterned lappets[13]
Qing Dynasty
Height: 43cm Diameter of top: 37cm
Qing Court collection

凳面下高束腰，装绦环板，开炮仗洞透光，束腰下有托腮，接镂空连续如意云头形花牙，三弯展腿，外翻云头形足，下承托泥，带龟脚。

75

紫檀西洋花纹方凳
清
高51.5厘米　面径52厘米
清宫旧藏

Square, red sandalwood stool, decorated with Western style patterns
Qing Dynasty
Height: 51.5cm　Diameter of top: 52cm
Qing Court collection

凳面下有极窄的束腰，束腰上有炮仗洞开光，牙条雕西洋式卷草花叶纹，腿肩部雕成卷鼻勾牙的象首，外翻卷草形足，下承托泥。

76

黑漆描金折枝花纹春凳
清
高50厘米　长158.5厘米　宽59.7厘米
清宫旧藏

Black lacquered couples' stool, decorated with gold tracery floral patterns
Qing Dynasty
Height: 50cm　Length: 158.5cm
Width: 59.7cm
Qing Court collection

凳面长方形，上开光绘折枝四季花卉，面下束腰，饰描金回纹。牙条及腿部均饰描金缠枝莲纹，内翻马蹄。

春凳亦称"两人凳"，因便于两人同坐而得名。

77

紫檀缠枝莲纹四开光坐墩
清早期
高53厘米　面径26厘米
清宫旧藏

Red sandalwood seat block with four begonia-shaped openings, decorated with an intertwining lotus pattern
Early Qing Dynasty
Height: 53cm　Diameter of top: 26cm
Qing Court collection

圆形墩面与底座的侧面各饰鼓钉纹一匝并弦纹一道，在弦纹之间的墩壁凸雕两道缠枝莲纹，墩壁中间为四个海棠式开光洞。

此墩造型挺拔俊秀，纹饰简洁，是典型的清式家具。

78

紫檀云头纹五开光坐墩
清乾隆
高52厘米　面径28厘米
清宫旧藏

Red sandalwood seat block with five side openings, decorated with carved cloud patterns
Qianlong Period, Qing Dynasty
Height: 52cm　Diameter of top: 28cm
Qing Court collection

墩面与底座的侧面各饰鼓钉纹一匝并弦纹两道，墩壁上满饰如意云头纹，并五个海棠形开光，每个开光中各透雕一个海棠形绳纹璧，并以绳纹与上下两端的如意云头相接。

79

紫檀夔凤纹四开光坐墩
清乾隆
高49.5厘米 面径35厘米
清宫旧藏

Red sandalwood seat block, decorated with carved Kui[1]-phoenixs within the four side openings
Qianlong Period, Qing Dynasty
Height: 49.5cm　Diameter of top: 35cm
Qing Court collection

墩面下打洼束腰，拱肩处雕蝉纹一圈，并镂空如意云头形。墩壁鼓肚四开光，开光内透雕双夔凤缠绕圆环纹，开光之间的墩壁上下各雕双虬纹，中间透雕花叶纹。

80

紫檀兽面衔环纹八方坐墩
清乾隆
高52厘米　面径37×31厘米
清宫旧藏

Octagonal, red sandalwood seat block, decorated with muzzle and ring patterned carvings
Qianlong Period, Qing Dynasty
Height: 52cm
Diameter of top: 37×31cm
Qing Court collection

八角形墩面下束腰，束腰下有与墩面对应的八面墩壁，边框内分别透雕卷叶纹、如意纹、回纹、菱花纹并雕兽面衔环纹。底部带八个小龟脚。

81

紫檀龙凤盘肠纹六方坐墩
清乾隆
高50厘米　面径34厘米
清宫旧藏

Hexagonal, red sandalwood seat block, decorated with carvings of Kui[1]-dragons, Kui[1]-phoenixes and their entrails
Qianlong Period, Qing Dynasty
Height: 50cm　Diameter of top: 34cm
Qing Court collection

委角六边形墩面镶装板心，面下打洼束腰，上下托腮。束腰下六面墩壁皆透雕夔龙、夔凤及盘肠纹，寓"江山永固，地久天长"之意。

此墩做工精良，造型新颖独特，纹饰精美，寓意吉祥，为典型的清乾隆年间家具。

82

紫檀多子长寿图六方坐墩
清乾隆
高52厘米　面径34厘米
清宫旧藏

Hexagonal, red sandalwood seat block, decorated with carved motifs representing long life and many male offspring
Qianlong Period, Qing Dynasty
Height: 52cm　Diameter of top: 34cm
Qing Court collection

墩面下打洼束腰，浮雕一周如意云头纹，束腰上部装雕祥云纹托腮，墩壁上下两端雕莲瓣纹，中间为海棠形开光，开光内分别透雕童子摘桃、持莲、捧石榴、拿荔枝等图纹，寓"多子多寿"之意。

83

黑漆描金勾云纹交泰式坐墩
清中期
高49厘米　面径36.5厘米
清宫旧藏

Black lacquered seat block, decorated with gold tracery cloud cluster patterns
Middle Qing Dynasty
Height: 49cm　Diameter of top: 36.5cm
Qing Court collection

墩面彩漆绘宝相花纹，边沿饰描金枣花锦纹，侧沿饰描金云纹，墩壁上沿外翻，下饰枣花锦纹，中间镂空描金花卉并勾云纹，边沿镂成勾云纹，上下凸凹相对，呈交泰式。底座下带四龟脚。

此墩与众不同之处在于，墩内正中有一立柱连接墩面与墩底，以此承重。

84

剔红夔龙纹方坐墩
清
高45.5厘米 面径28厘米
清宫旧藏

Square, carved, red lacquered seat block, decorated with Kui[1]-dragon patterns
Qing Dynasty
Height: 45.5cm　Diameter of top: 28cm
Qing Court Colleciton

方形墩面上沿及底边雕回纹两道，其间卍字锦纹地上雕鼓钉纹。墩壁上下雕如意云头纹，在转角处相接，云头纹上雕番莲花纹。墩壁中部龟背纹地上雕夔龙在海浪中翻腾。墩底四角下承卍字锦纹镶铜龟脚。

85

黑漆描金龙凤纹坐墩
清
高43厘米 面径35.5厘米
清宫旧藏

Black lacquered seat block, decorated with gold tracery dragon and phoenix patterns
Qing Dynasty
Height: 43cm Diameter of top: 35.5cm
Qing Court collection

墩面饰描金龙凤纹，寓意"龙凤呈祥"，墩面与墩底侧沿均饰描金如意、方胜、云纹及磬等杂宝纹饰，束腰上饰描金回纹，墩壁透雕夔龙纹，描金勾边。

桌案几

Tables

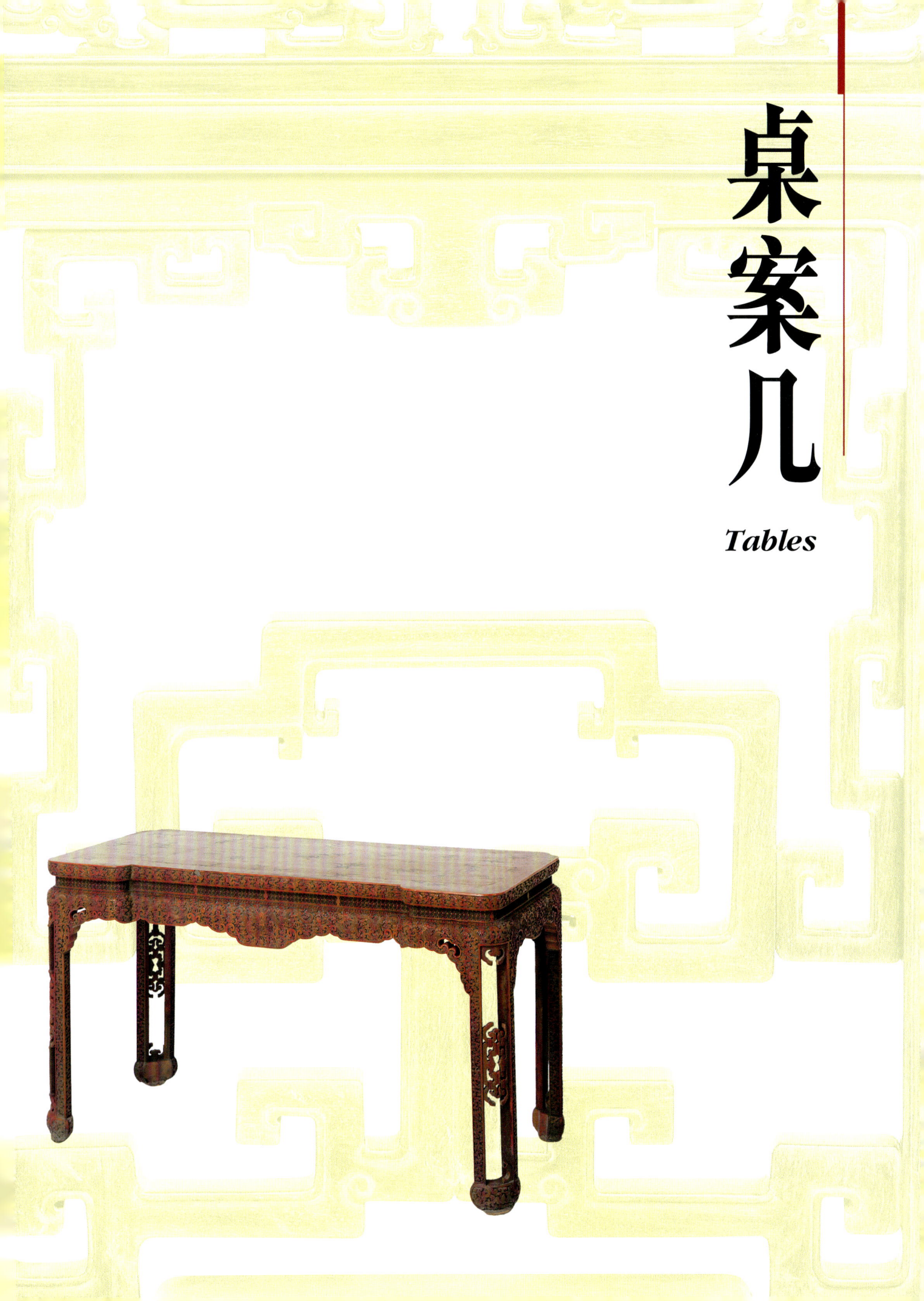

86

黄花梨云龙寿字纹方桌
清乾隆
高86.5厘米　长95厘米　宽95厘米
清宫旧藏

Square, Huanghuali[6] wooden table, decorated with patterns consisting of dragons, clouds and a circular "Shou" (longevity) character
Qianlong Period, Qing Dynasty
Height: 86.5cm　Length: 95cm
Width: 95cm
Qing Court collection

桌面下束腰，牙条雕拐子、云朵、夔龙、团寿字纹，寓"长寿吉祥"之意。腿间安罗锅枨，腿内侧及罗锅枨边沿起阳线。回纹马蹄。

87

榆木卷云纹方桌
清
高83厘米 面径88.5厘米
清宫旧藏

Square elm table, decorated with cirrus cloud patterns
Qing Dynasty
Height: 83cm　Diameter of top: 88.5cm
Qing Court collection

束腰雕三个细长的横条，下有托腮，牙条中部阴刻变形卷云纹，卷云纹中心有太极纹。方腿内沿起凹线，腿间安有罗锅枨，内翻马蹄。

88

湘妃竹漆面长桌
清雍正
高83厘米　长92厘米　宽38厘米
清宫旧藏

Long, bamboo table with lacquered top
Yongzheng Period, Qing Dynasty
Height: 83cm　Length: 92cm
Width: 38cm
Qing Court collection

桌面下以湘妃竹攒成两道牙条。牙条下另安拐子纹花牙，两端垂牙头，与腿连接，四腿用四根竹棍拼成，竹节断面处均用象牙封堵。

89

黑漆描金芍药花纹长桌
清雍正
高84.5厘米 长110厘米 宽38厘米
清宫旧藏

Long, black lacquered table, decorated with gold tracery peony patterns
Yongzheng Period, Qing Dynasty
Height: 84.5cm Length: 110cm
Width: 38cm
Qing Court collection

桌面饰描金芍药、灵芝、山石等图纹，两侧边泥鳅背小翘。侧沿饰描金云蝠纹，束腰以描金卷草界出数格，开炮仗洞透孔，下承托腮。牙条饰描金番莲纹，下雕拐子纹及西洋卷草纹牙子，两端沿腿下垂，形成护腿牙，并以金漆勾边。内翻回纹方马蹄。

90

紫檀漆面嵌珐琅西番莲纹长桌
清乾隆
高84.5厘米 长144.5厘米 宽64厘米
清宫旧藏

Red sandalwood table with lacquered top, decorated with dahlia patterns made with inlaid enamel
Qianlong Period, Qing Dynasty
Height: 84.5cm Length: 144.5cm
Width: 64cm
Qing Court collection

桌面以紫檀木四边攒框，漆面心，面沿雕回纹，四角用西番莲纹珐琅片包角，与桌腿之间用一个珐琅瓶支撑。透空回纹角牙及方腿上嵌西番莲纹珐琅片。内翻回纹马蹄。

此桌原为符望阁所用之物。符望阁位于宁寿宫花园内。宁寿宫是乾隆皇帝为自己兴建的养老之所。

91

紫檀勾莲纹长桌
清乾隆
高105.5厘米 长102厘米 宽64厘米
清宫旧藏

Rectangular, red sandalwood table, decorated with intertwining lotus patterns
Qianlong Period, Qing Dynasty
Height: 105.5cm Length: 102cm
Width: 64cm
Qing Court collection

高束腰浮雕绦环板，绦环板内浮雕梭子纹。束腰上下装托腮，牙条较宽，下垂浮雕勾莲纹洼堂肚。展腿式，牙条与腿拐角处装透雕拐子纹角牙，外翻回纹马蹄，下承托泥，有龟脚。

92

紫檀长桌
清乾隆
高86厘米　长143.5厘米　宽48厘米
清宫旧藏

Long, narrow, red sandalwood table
Qianlong Period, Qing Dynasty
Height: 86cm　Length: 143.5cm
Width: 48cm
Qing Court collection

高束腰嵌绳纹系璧形卡子花，牙条雕玉宝珠纹。拱肩展腿，内翻卷云纹马蹄。

93

紫檀拐子纹长桌
清乾隆
高81厘米　长116厘米　宽39厘米
清宫旧藏

束腰上开炮仗洞，束腰下有托腮，攒框透雕拐子纹牙条，四腿及牙条里口起线，内翻回纹马蹄。

Long, narrow, red sandalwood table, decorated with Kui[1] patterns
Qianlong Period, Qing Dynasty
Height: 81cm　Length: 116cm
Width: 39cm
Qing Court collection

94

填漆戗金卍字勾莲花纹长桌
清乾隆
高84厘米 长139.5厘米 宽48.5厘米
清宫旧藏

Long, narrow table, decorated with swastika and intertwining lotus patterns made from inlaid lacquer and gold
Qianlong Period, Qing Dynasty
Height: 84cm Length: 139.5cm
Width: 48.5cm
Qing Court collection

桌面边起冰盘沿，饰卍字纹。面下束腰四周开炮仗洞，洞四周饰勾莲纹，束腰下有托腮，雕拐子纹角牙。方腿，牙与腿内侧起阳线，外侧饰卍字纹，侧面两腿间安有横枨，下雕拐子纹角牙。内翻马蹄。

填漆是将漆堆刻后填彩，再磨出花纹的髹饰技法。戗金则是先在漆器表面刻画出纤细的纹样，再在纹样中上漆金胶，最后填以泥金或金箔的工艺。

95

剔红云龙纹委角长桌
清乾隆
高83.5厘米 长155厘米 宽67厘米
清宫旧藏

Rectangular, carved, red lacquered table, decorated with dragon and cloud patterns
Qianlong Period, Qing Dynasty
Height: 83.5cm Length: 155cm
Width: 67cm
Qing Court collection

桌面正面边沿中间呈"凹"形缩进，面下有浮雕锦纹的束腰，牙条正中为垂云形洼堂肚，雕云龙纹。四腿为挖缺做，每条腿中间开出长方形透光，中间施以透雕如意云头纹卡子花。云头形足，腿及足端雕云蝠纹。

96

黑漆描金山水图长桌
清乾隆
高86.5厘米　长194.5厘米　宽77.5厘米
清宫旧藏

Long, black lacquered table, decorated with gold tracery landscape patterns
Qianlong Period, Qing Dynasty
Height: 86.5cm　Length: 194.5cm
Width: 77.5cm
Qing Court collection

通体髹黑漆描金纹饰。桌面描金彩绘山水图，画面上山石耸峙，烟波浩淼，树木掩映，楼阁错落。面侧沿描金菱花锦纹，束腰上镂空菱花纹，下有托腮。镂空拐子纹花牙金漆勾边，牙条与腿拐角处安有矩形托角枨，牙条、枨子及腿上散布各式皮球花。内翻马蹄。

97

紫檀嵌桦木夔龙纹长桌
清乾隆
高86.5厘米 长145厘米 宽47.5厘米
清宫旧藏

Long, red sandalwood table with inlaid birch top, decorated with carvings of Kui[1]-dragons
Qianlong Period, Qing Dynasty
Height: 86.5cm Length: 145cm
Width: 47.5cm
Qing Court collection

长桌紫檀木制。桌面平直，四边攒框，中间打槽镶桦木板心，冰盘沿，有铜包角，面下束腰雕水波纹，牙条雕变形夔龙纹，云纹牙头。包铜套足。

98

紫檀雕花长桌
清
高87厘米 长157.5厘米 宽56厘米
清宫旧藏

Long, red sandalwood table, decorated with floral patterned carvings
Qing Dynasty
Height: 87cm Length: 157.5cm
Width: 56cm
Qing Court collection

桌面髹菠萝漆,冰盘沿,面下束腰,上雕结子花并开菱形透光,束腰下有托腮,牙条透雕攒拐子纹,两侧腿间安横枨,横枨上有透雕拐子纹挡板,下镶攒拐子纹圈口,罗锅底枨,卷书式足。

99

红木云纹长桌
清
高83厘米 长133厘米 宽47厘米
清宫旧藏

Long mahogany table, decorated with cloud patterns
Qing Dynasty
Height: 83cm   Length: 133cm
Width: 47cm
Qing Court collection

桌面四角下承立瓶式矮柱,与桌腿相接,正面腿间拐子枨透雕攒云纹,桌面与腿、枨相交处安有垂云纹牙头。两侧腿间安有卷云纹横枨,内翻回纹马蹄。

100

紫檀灵芝纹长桌
清
高86厘米　长180厘米　宽70厘米

Long, red sandalwood table, decorated with carvings of lingzhi[12] (magical fungus)
Qing Dynasty
Height: 86cm　Length: 180cm
Width: 70cm

桌面冰盘沿，面下束腰，束腰下托腮，牙条满饰灵芝纹，两侧为透雕灵芝纹托角牙。方腿拱肩部亦饰灵芝纹，与牙条抱肩榫相交，内翻马蹄。

101

紫檀蕉叶纹长桌
清
高85厘米　长185厘米　宽68.5厘米
清宫旧藏

Long, red sandalwood table, decorated with banana leaf patterned carvings
Qing Dynasty
Height: 85cm　Length: 185cm
Width: 68.5cm
Qing Court Colleciton

桌面冰盘沿，雕长方形绦环，面下打洼束腰，雕蕉叶纹一周，束腰下有托腮，牙条雕玉宝珠纹，如意云头纹牙头。内翻云纹足。

102

紫檀嵌螺钿花卉纹长桌

清

高87厘米　长167厘米　宽70厘米

Long, red sandalwood table, decorated with inlaid mother-of-pearl floral patterns

Qing Dynasty

Height: 87cm　Length: 167cm

Width: 70cm

桌面下束腰，饰洒金嵌螺钿蝠纹及缠枝莲纹，束腰下装托腮。曲形牙条，中央垂洼堂肚，方材直腿，面沿、牙条及腿上均有张照描金绘灵芝、梅、兰、竹、菊等花卉纹饰，面沿及牙条上并阴刻填金张照题诗及款识。回纹足。

张照（1691—1745年）字得天，号泾南，自号天瓶居士，江苏人，清康熙年间进士，历仕康熙、雍正、乾隆三朝，官至内阁学士、刑部尚书。擅书画，为"馆阁体"代表书家，常为乾隆代笔。

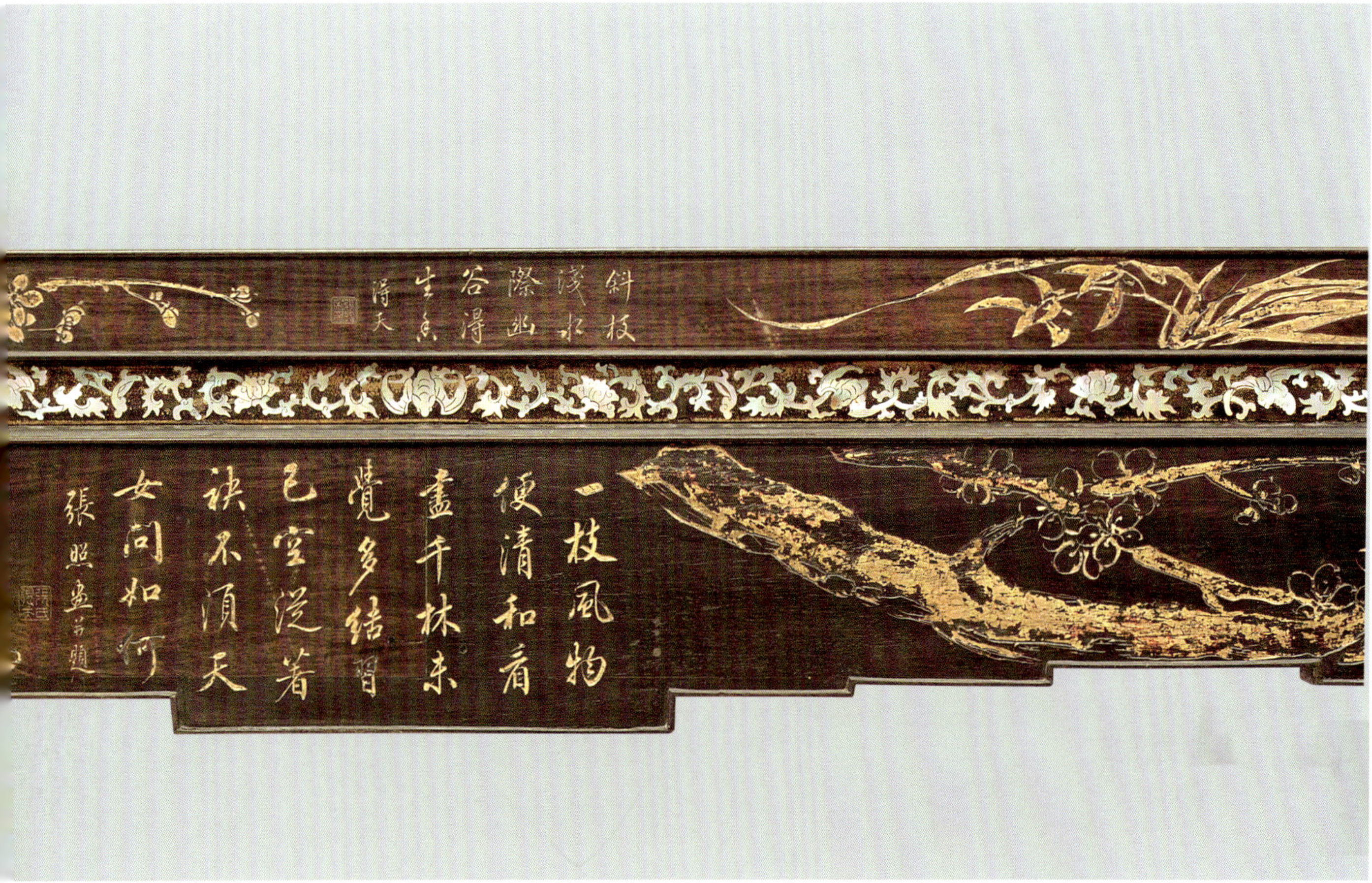

斜枝
淺水
隙幽
谷得
生意
得天 [印]

一枝風物
便清和看
盡千林未
覺多結習
已空浸著
袂不須天
女問如何
張照恭己題 [印]

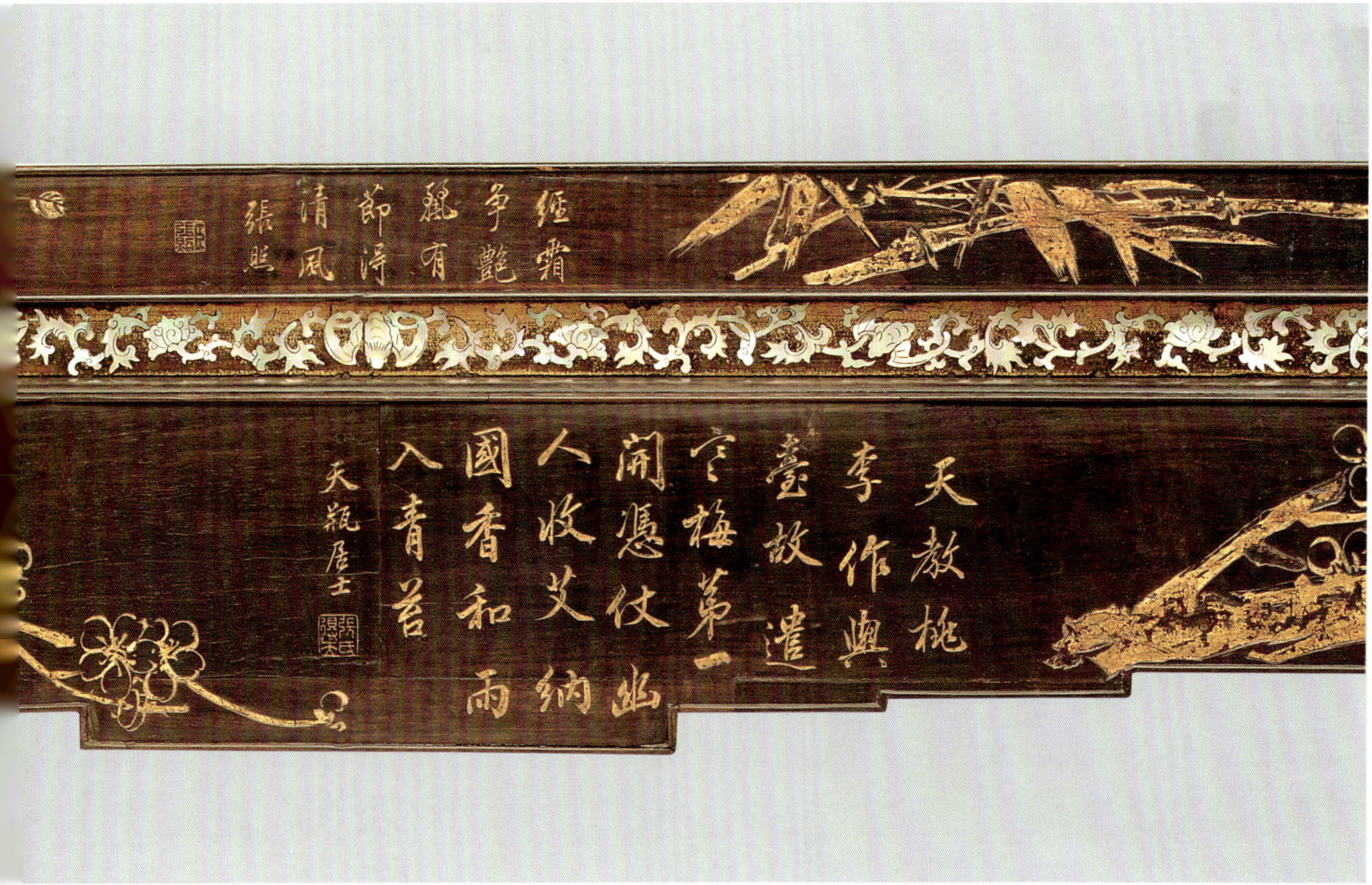

經霜
爭艷
豈有
節得
清風
張照 [印]

天教桃
李作輿
臺故遣
它梅第一
開憑仗幽
人收艾納
國香和雨
入青苔
天瓶居士 [印]

103

紫檀嵌铜丝鼎式长桌
清
高86.5厘米　长115.5厘米　宽48厘米
清宫旧藏

Red sandalwood table in the shape of a quadruped, decorated with patterns made with inlaid copper-wire
Qing Dynasty
Height: 86.5cm　Length: 115.5cm
Width: 48cm
Qing Court collection

长桌仿青铜器鼎式，桌面边沿嵌回纹，面下有嵌回纹束腰，托腮上起线，桌牙与牙头一木连做，边沿凸起，框上起线，框内嵌回纹锦地雕夔龙纹，两侧牙条正中嵌兽面衔环耳。

四腿外撇，侧沿起框，上嵌回纹，框内绘夔龙纹，侧沿起脊。

此桌造型仿古，工艺复杂精湛，给人典雅古朴之感。

104

黑漆描金山水图长桌
清
高85厘米 长192.5厘米 宽73厘米
清宫旧藏

Rectangular, black lacquered table, decorated with gold tracery landscape patterns
Qing Dynasty
Height: 85cm Length: 192.5cm
Width: 73cm
Qing Court collection

桌面饰描金山水图，远山近水之间，树木林立，数间屋舍掩映其间，颇具意境。桌沿有菱形描金花卉纹，面下束腰上开炮仗洞，嵌卡子花，牙上饰描金夔龙及花叶纹，角牙透雕夔龙纹。内翻马蹄。

105

紫檀拐子纹条桌
清
高83.5厘米　长117.5厘米　宽38.5厘米
清宫旧藏

Small, long, red sandalwood table, decorated with Kui[1] patterns
Qing Dynasty
Height: 83.5cm　Length: 117.5cm
Width: 38.5cm
Qing Court collection

桌面冰盘沿，下起阳线，面下束腰分段开光，透雕拐子纹。牙条雕玉宝珠纹，角牙透雕拐子纹。方腿，起混面单边线，内翻回纹马蹄。

此桌原为太极殿所用之物。太极殿位于故宫内廷，是清代嫔妃居住的宫殿之一。

106

紫檀蕉叶纹条桌
清乾隆
高85厘米 长143厘米 宽37厘米
清宫旧藏

Long, red sandalwood table
Qianlong Period, Qing Dynasty
Height: 85cm Length: 143cm
Width: 37cm
Qing Court collection

桌面平直，冰盘沿，面下打洼高束腰，雕蕉叶纹。四腿直下，腿间安有罗锅枨，与腿格肩榫相交。卷珠形足。

107

剔红云龙纹条桌
清乾隆
高86厘米　长161.5厘米　宽42厘米
清宫旧藏

Long, carved, red lacquered table, decorated with dragon and cloud patterns
Qianlong Period, Qing Dynasty
Height: 86cm　Length: 161.5cm
Width: 42cm
Qing Court collection

桌面边沿铲地雕缠枝莲纹，面下束腰雕回纹，上下有莲纹托腮，牙条正中垂洼堂肚，腿间安有直枨，与洼堂肚相连，腿、牙子及直枨上均满地雕龙戏珠纹、鱼纹、珊瑚纹等吉祥纹样。内翻马蹄。

108

紫檀西番莲纹铜包角条桌
清乾隆
高87.5厘米　长127.5厘米　宽32.5厘米
清宫旧藏

Long, red sandalwood table with copper corner sheathings, decorated with carvings of dahlias
Qianlong Period, Qing Dynasty
Height: 87.5cm　Length: 127.5cm
Width: 32.5cm
Qing Court collection

桌面冰盘沿，面下束腰，桌面及束腰四角处均安有铜包角，牙条正中及两侧牙头浮雕西番莲纹，四腿饰双混面单边线，錾花镀铜金套足。

109

紫檀鱼纹铜包角条桌
清乾隆
高87.5厘米　长138.5厘米　宽44.5厘米
清宫旧藏

Long, narrow, red sandalwood table with copper-coated corners, decorated with carvings of fish
Qianlong Period, Qing Dynasty
Height: 87.5cm　Length: 138.5cm
Width: 44.5cm
Qing Court collection

条桌紫檀木制。桌面攒边镶桦木心，面下束腰，牙条雕水波纹，边沿雕绳纹一周，牙头雕鱼纹。桌角、束腰四角及腿的拱肩处皆以铜饰件包裹，包铜套足。

110

填漆戗金云龙纹条桌
清乾隆
高84.5厘米 长186.5厘米 宽44.5厘米
清宫旧藏

Long, black lacquered table, decorated with dragon patterns made with inlaid colored lacquer and gold
Qianlong Period, Qing Dynasty
Height: 84.5cm Length: 186.5cm
Width: 44.5cm
Qing Court collection

桌面饰云龙纹，面边沿为描金斜方格枣花锦及卷云纹。面下束腰，分段镶板，当中透雕炮仗洞。牙条正中垂云纹洼堂肚，拐角处镂空成卷云形。桌牙及桌腿饰云龙纹。内翻马蹄。

111

紫檀勾云纹条桌
清乾隆
高90厘米　长192.5厘米　宽57厘米
清宫旧藏

Long, narrow, red sandalwood table, decorated with cloud cluster patterned carvings
Qianlong Period, Qing Dynasty
Height: 90cm　Length: 192.5cm
Width: 57cm
Qing Court collection

桌面四角铜錾花包角，面下细束腰雕几何纹，拱肩部包錾花铜包角，牙条浮雕勾云纹，与桌边沿整体连贯，并呈回纹状与桌腿相连，角牙浮雕勾云纹。桌腿内侧起阳线，铜錾花套足。

112

紫檀卷草纹条桌
清乾隆
高87厘米 长191厘米 宽56.5厘米
清宫旧藏

Long, red sandalwood table, decorated with scrolled grass patterns
Qianlong Period, Qing Dynasty
Height: 87cm Length: 191cm
Width: 56.5cm
Qing Court collection

桌面为典型的四面平式。面侧沿浮雕卷草纹，面下有透雕卷草纹角牙，两腿之间榫接攒拐子纹罗锅枨，以透雕卷草纹卡子花与桌面相接，枨子及腿均浮雕卷草纹，内翻回纹马蹄。

113

紫檀玉宝珠纹条桌
清乾隆
高85厘米　长160厘米　宽47厘米
清宫旧藏

Long, red sandalwood table, decorated with small spiral patterns
Qianlong Period, Qing Dynasty
Height: 85cm　Length: 160cm
Width: 47cm
Qing Court collection

桌面四面平式。面下为雕玉宝珠纹牙条，牙头上雕回纹拐子。四腿素混面，内翻如意云头形足。

114

花梨木回纹条桌
清乾隆
高85厘米 长144.5厘米 宽38.5厘米
清宫旧藏

Long rosewood table, decorated with key-fret patterns
Qianlong Period, Qing Dynasty
Height: 85cm   Length: 144.5cm
Width: 38.5cm
Qing Court collection

桌面攒框，四面平式。面侧沿雕回纹，桌腿与桌面棕角榫相交，腿间安有横枨，枨两端攒框透雕拐子纹，四腿及横枨上均雕回纹。

115

填漆戗金云龙纹条桌
清中期
高85.5厘米　长185厘米　宽55.5厘米
清宫旧藏

Long wooden table, decorated with dragon and cloud patterns made with inlaid lacquer and gold
Middle Qing Dynasty
Height: 85.5cm　Length: 185cm
Width: 55.5cm
Qing Court collection

桌面饰云龙纹。边沿饰拐子纹，面下有云龙纹束腰，四角有立柱，下有云纹托腮，牙头与牙条一木做成，透雕夔龙纹。方腿上饰云纹，中部起花牙，内翻马蹄。

116

紫檀条桌
清
高88.5厘米　长174厘米　宽45厘米
清宫旧藏

Long, narrow, red sandalwood table
Qing Dynasty
Height: 88.5cm　Length: 174cm
Width: 45cm
Qing Court collection

桌面与腿直接用粽角榫连接，以攒枨的手法做成横枨和角牙，连接和固定腿足。横枨与桌面之间有四个矮老支撑。方腿，内翻回纹马蹄。

此桌原为养心殿所用之物。养心殿位于隆宗门内，清雍正以后成为皇帝起居和处理日常政务的地方。

117

紫檀夔龙纹铜包角条桌
清
高86.5厘米 长144厘米 宽39厘米
清宫旧藏

Long, red sandalwood table with copper corner sheathings, decorated with Kui[1]-dragon patterns
Qing Dynasty
Height: 86.5cm Length: 144cm
Width: 39cm
Qing Court collection

桌面边抹冰盘沿线角，面下打洼束腰，桌面及束腰四角均包镶铜饰件，牙条透雕夔龙纹。腿肩部亦包镶铜饰件，内翻马蹄。

118

紫漆花草纹条桌
清
高84厘米　长134厘米　宽42厘米
清宫旧藏

Long, purple lacquered table, decorated with flower and grass patterns
Qing Dynasty
Height: 84cm　Length: 134cm
Width: 42cm
Qing Court collection

桌面绘洞石、花草。冰盘沿，面下束腰，上有开海棠式透光，饰描金团花纹，束腰下托腮，透雕攒拐子结绳纹花牙，牙上及四腿绘红蝙蝠。侧面两腿间安有横枨，腿及枨上均镶透雕拐子纹圈口，足下承托泥，托泥上安攒拐子纹圈口。

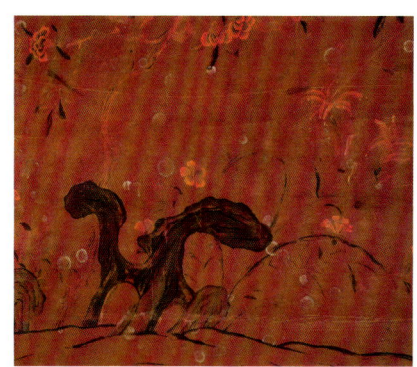

119

紫檀西洋卷草纹条桌
清
高88厘米 长174厘米 宽45厘米
清宫旧藏

Long, red sandalwood table, decorated with Western style scrolled grass patterns
Qing Dynasty
Height: 88cm Length: 174cm
Width: 45cm
Qing Court collection

桌面下高束腰，下有莲纹托腮和透雕西洋卷草纹花牙。方材直腿，雕卷草纹内翻马蹄。

120

紫檀拐子纹包铜角炕桌
清乾隆
高42厘米 长103厘米 宽42厘米
清宫旧藏

Small, red sandalwood kang[14] table, with copper corner sheathings, decorated with Kui[1] patterns
Qianlong Period, Qing Dynasty
Height: 42cm Length: 103cm
Width: 42cm
Qing Court collection

桌面攒框镶板,边角镶铜錾花包角。面下有雕拐子纹束腰,束腰下为雕拐子纹牙条,拐角处为铲地雕拐子纹角牙。腿的拱肩部镶铜镀金錾花包角,内翻马蹄。

炕桌的结构与其他桌相同,唯十分矮小,主要用于炕上陈设。

121

黑漆嵌玉描金百寿字炕桌
清乾隆
高29.5厘米　长112厘米　宽81厘米
清宫旧藏

Black lacquered kang[14] table, decorated with inlaid jade and gold tracery patterns featuring the character "Shou" (longevity)
Qianlong Period, Qing Dynasty
Height: 29.5cm　Length: 112cm
Width: 81cm
Qing Court collection

桌面中间饰描金"寿"字一百二十个，边沿为雕填描金卍字锦纹地，嵌玉制蝙蝠、寿桃及描金团寿纹，桌面侧沿为描金卍字锦纹并长圆形开光，开光内嵌玉制蝙蝠、寿桃。回纹束腰，下为描金莲瓣纹托腮，云纹牙条。拱肩直腿，腿、牙边沿描金，并满饰填彩描金团寿字及玉制寿桃、蝙蝠。内翻马蹄。

此桌做工精湛，纹饰繁复且寓意吉祥，为清代家具精品。

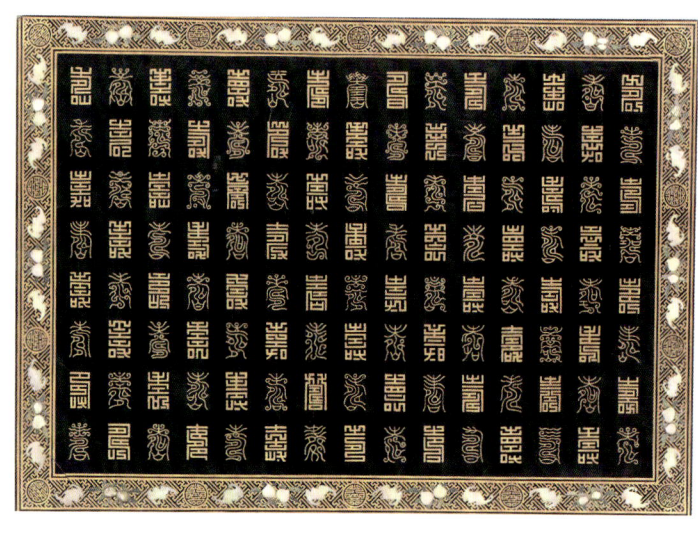

122

红漆嵌螺钿百寿字炕桌
清中期
高29厘米　长96.5厘米　宽63厘米
清宫旧藏

Red lacquered kang[14] table, decorated with the character "Shou" (longevity) made with inlaid mother-of-pearl
Middle Qing Dynasty
Height: 29cm　Length: 96.5cm
Width: 63cm
Qing Court collection

桌面中间嵌螺钿"寿"字共一百二十字，边沿嵌螺钿卍字锦纹地，寓意"万寿无疆"。桌面侧沿嵌螺钿连卍字纹，面下束腰，嵌团寿及长寿字纹，牙条及直腿嵌螺钿蝙蝠、寿桃、团寿及方寿纹，寓意"福寿双全"。内翻马蹄。

此桌与前图炕桌造型、工艺及纹饰相同，唯髹漆颜色和嵌件材质略有差异。

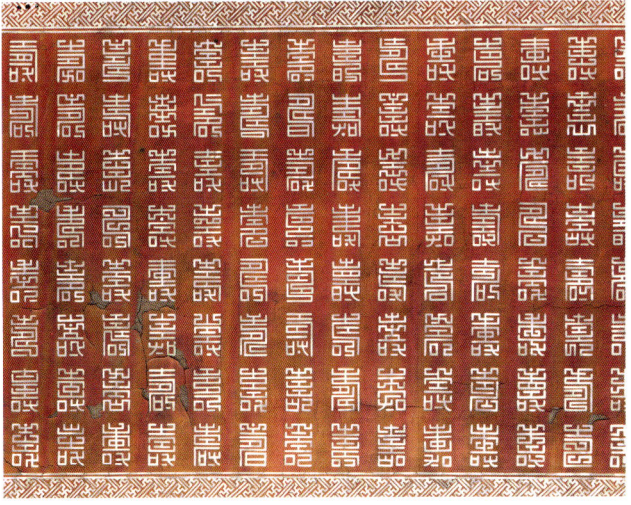

123

黑漆描金云蝠纹炕桌
清
高33.5厘米　长85.5厘米　宽57.5厘米
清宫旧藏

Small, black lacquered kang[14] table, decorated with gold tracery bat[4] and cloud patterns
Qing Dynasty
Height: 33.5cm　Length: 85.5cm
Width: 57.5cm
Qing Court collection

桌面冰盘沿饰描金云蝠、花卉纹，面下束腰饰描金西番莲及卷云纹，下承托腮。鼓腿彭牙，牙条饰玉宝珠纹及卷云纹，桌腿饰描金云纹，内翻马蹄。

此桌原为丽景轩所用之物。丽景轩为储秀宫后殿，晚清时期，慈禧曾经在此居住。

124

紫檀方胜纹琴桌
清乾隆
高85厘米 长135厘米 宽39厘米
清宫旧藏

Red sandalwood Chinese lute table, decorated with an intersecting pattern
Qianlong Period, Qing Dynasty
Height: 85cm   Length: 135cm
Width: 39cm
Qing Court collection

琴桌棕角榫结构。桌面平直长条形，面下直枨，面、枨之间的正面和侧面分别有三连和双连方胜纹卡子花，雕系带纹枨，两端雕如意云头纹牙头与腿相交。方腿直足，下踩覆莲头。

125

紫檀刻书画八屉画桌
清中期
高87.5厘米　长220厘米　宽89厘米

Red sandalwood, eight-drawer painting table, decorated with carvings of the Masters' calligraphy and paintings
Middle Qing Dynasty
Height: 87.5cm　Length: 220cm
Width: 89cm

画桌裹腿作。桌面长方形，劈料式沿。双面各四个抽屉，侧面两腿间安有绳纹横枨。四面满刻钱维城、刘墉、汤贻芬、南沙老人、金农、郑燮、蒋廷锡等名家题词及绘画。圆腿直足。

此桌虽非清宫藏品，但其造型美观，做工圆润，且有清代诸多名家的题记和绘画，是极为罕见的家具珍品。

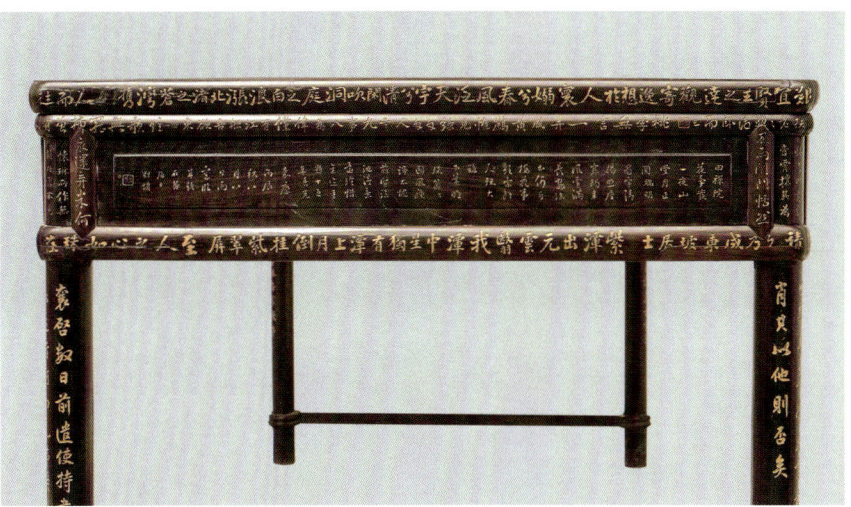

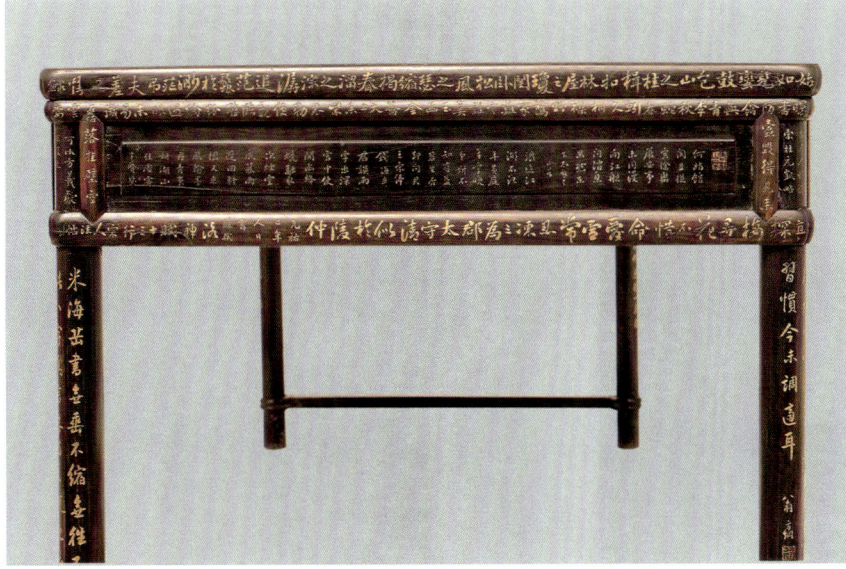

126

紫檀西番莲纹大供桌
清乾隆
高97厘米　长236厘米　宽84厘米
清宫旧藏

Large, red sandalwood altar table, decorated with dahlia patterns
Qianlong Period, Qing Dynasty
Height: 97cm　Length: 236cm
Width: 84cm
Qing Court collection

桌面长方形，冰盘沿雕卍字纹，高束腰以矮柱分为数格，上嵌装浮雕夔龙纹的绦环板，束腰上下装莲瓣纹托腮，牙条厚硕，为变体的玉宝珠形，上铲地雕西番莲纹。三弯腿上部起云翅，铲地雕西番莲纹，外翻马蹄，下承托泥，带龟脚。

127

紫檀西番莲纹梯形桌
清乾隆
高90厘米　面径112厘米
清宫旧藏

Trapezoidal, red sandalwood table, decorated with dahlia patterns
Qianlong Period, Qing Dynasty
Height: 90cm
Diameter of tabletop: 112cm
Qing Court collection

桌面梯形，束腰雕如意纹并开菱形透孔，托腮雕一圈莲纹，下装透雕西番莲纹花牙。四腿下部安底枨，枨内嵌装透雕西番莲纹的底盘，底枨下为雕玉宝珠纹牙条。外翻卷云纹足。

此桌为一对，可以组合成一个六角形桌，亦可于室内对称摆设。

128

紫漆描金花卉纹葵花式桌
清雍正
高89.5厘米　面径124厘米
清宫旧藏

Purple lacquered, sunflower-shaped table, decorated with gold tracery floral patterns
Yongzheng Period, Qing Dynasty
Height: 89.5cm
Diameter of top: 124cm
Qing Court collection

桌面葵花形，上饰描金花卉，面侧沿有抽屉。面下透雕夔龙纹花牙一周，正中为圆柱式描金花草纹独腿，分两节，上节以六个描金花角牙支撑桌面，下节以六个站牙抵住圆柱，下节圆柱顶端有轴，上节圆柱下端有圆孔，套在轴上，使桌面可左右转动。下承葵花式须弥座，座下为壶门式牙子带龟脚。

145

129

填漆福寿纹半圆桌
清雍正至乾隆
高80.5厘米　面径64.5厘米
清宫旧藏

Matching pair of semi-circular, red lacquered tables, decorated with bat[4] and peach patterns made with colored lacquer and gold inlays
Yongzheng-Qianlong Period, Qing Dynasty
Height: 80.5cm
Diameter of top: 64.5cm
Qing Court collection

桌面半圆形，上理沟戗金花纹，侧沿饰蝙蝠、折枝寿桃，面下有雕拐子、卷草纹束腰及回纹托腮。牙条、牙头皆雕卷云纹，四腿上饰蝙蝠、折枝寿桃。下部装透雕螭纹底盘，底盘下亦安有牙条。

此桌成对为一组合，两桌对拼恰可组成一个圆桌。常用于厅堂两侧对称陈设。

130

紫檀西番莲纹半圆桌
清
高86.5厘米　面径110.5厘米
清宫旧藏

Semi-circular red sandalwood table, decorated with carvings of dahlias
Qing Dynasty
Height: 86.5cm
Diameter of top: 110.5cm
Qing Court collection

桌面边起冰盘沿，面下束腰凸雕六块夔龙纹绦环板，牙条雕西番莲纹，正中垂如意纹方形洼堂肚，两边透雕夔龙纹牙条，桌腿上部雕西番莲纹，两边起阳线，腿间安有底枨，镶透雕夔龙纹底盘，双翻回纹足。

131

黄花梨嵌螺钿夔龙纹炕案
清早期
高28厘米 长91.5厘米 宽60.5厘米

Huanghuali[6] wood kang[14] table, decorated with inlaid mother-of-pearl
Early Qing Dynasty
Height: 28cm　Length: 91.5cm
Width: 60.5cm

案面平头，长方形，上用紫檀木片镶成珠花、岔角及开光，正中为嵌色石螺钿螭龙、花朵纹，边勾涡旋纹加紫色石圆珠。桌面边沿、四角镶紫檀开光，分别嵌饰螺钿色石勾莲和飞鹤、彩云。面下雕螭纹花牙、沿板，直腿上嵌螺钿螭龙纹，两侧腿间有镂空螭纹沿板。四腿缩进安装，雕云头形足。

案与桌的主要区别在于案的腿缩进安装，而桌腿则与桌面四角垂直。

132

紫檀雕回纹炕案
清乾隆
高32厘米　长91厘米　宽35厘米
清宫旧藏

Red sandalwood kang[14] table, decorated with key-fret patterns
Qianlong Period, Qing Dynasty
Height: 32cm　Length: 91cm
Width: 35cm
Qing Court collection

案面攒框镶板，冰盘沿浮雕饰回纹绦环板，面下直牙条，上雕回纹，牙头锼成如意云头形，腿面亦雕饰回纹绦环板，侧面两腿间安有横枨，镶长方圈口，圈口两面起凸线一圈，内外浮雕回纹一匝。下承须弥式托座，带龟脚。

133

剔黑填漆六方纹炕案
清乾隆
高35厘米　长88厘米　宽33厘米
清宫旧藏

Carved black lacquered kang[14] table, decorated with hexagonal patterns made with inlaid colored lacquer
Qianlong Period, Qing Dynasty
Height: 35cm　Length: 88cm
Width: 33cm
Qing Court collection

除案面外，通体剔黑饰六方纹锦。案面髹豆绿色漆，饰理沟填漆六方纹锦，回纹边。面下长牙条贯通两腿，牙条与腿的拐角处饰双云纹护腿牙，侧面两腿间镶方式圈口。云头形足，下承卷书式托泥。

此案小巧精致，现仅存两件，此为其一，十分珍贵。

134

剔红缠枝花纹炕案
清乾隆
高36厘米　长83厘米　宽37厘米
清宫旧藏

Carved, red lacquered kang[14] table, decorated with floral spray patterns
Qianlong Period, Qing Dynasty
Height: 36cm　Length: 83cm
Width: 37cm
Qing Court collection

炕案通体剔红。案面边沿雕缠枝莲纹及拐子纹，面下束腰的回形框内雕蝠纹，回纹托腮，牙条雕缠枝牡丹纹，角牙雕拐子纹，案腿满饰花草纹。两侧腿间有开光，开光内锼成如意云头形，上雕蝠磬纹、缠枝莲纹。平底卷云形足。

此案原为养心殿所用之物。

135

紫檀云蝠纹画案
清乾隆
高89厘米 长191.5厘米 宽69厘米
清宫旧藏

Large, red sandalwood painting table, decorated with bat[4] and cloud patterns
Qianlong Period, Qing Dynasty
Height: 89cm Length: 191.5cm
Width: 69cm
Qing Court collection

画案四角与案腿以棕角榫相交，为典型的四面平做法。案面与四腿之间以浮雕云蝠纹牙条镶成圈口。腿间以横枨连接，雕内翻长拐子纹四足。

此案的制作一反案类家具的一般形制，别具一格，虽称画案，但主要用于陈设。

136

竹簧画案
清乾隆
高86.5厘米 长194.2厘米 宽82厘米
清宫旧藏

Wooden painting table with fir-covered surface
Qianlong Period, Qing Dynasty
Height: 86.5cm   Length: 194.2cm
Width: 82cm
Qing Court collection

画案杉木胎，通体包镶竹簧。案面下为回纹透空攒牙子，四腿上端与案面连接，支撑着牙条的下部。两侧腿间安罗锅枨，云头形足。

此案采用竹簧包镶，在大型桌案中极为少见，堪称清代家具珍品。

137

黑漆描金山水图书案
清雍正
高85厘米　长200厘米　宽78厘米
清宫旧藏

Black lacquered writing table, decorated with gold tracery landscape patterns
Yongzheng Period, Qing Dynasty
Height: 85cm　Length: 200cm
Width: 78cm
Qing Court collection

案面绘山水图，面侧沿饰斜方格枣花锦。四面牙条镂作云纹，正中垂洼堂肚，饰蝙蝠及折枝花卉纹。护腿牙上部雕云纹，下部演化为拐子纹。腿面饰描金斜方格枣花锦，侧面两腿间镶带洼堂肚的圈口。四腿外撇，侧脚收分，足下承托泥。

138

紫檀勾云纹案
清中期
高81厘米 长144.5厘米 宽39.5厘米

Long, red sandalwood table, decorated with scrolled cloud patterns
Middle Qing Dynasty
Height: 81cm Length: 144.5cm
Width: 39.5cm

案面髹黑漆，面沿为双混面双边线。面下牙条雕回纹及勾云纹，托角牙连接牙堵，腿正面雕双混面双边线，与面沿线条吻合。两侧面腿间有管脚枨相连，腿内侧镶雕回纹圈口，侧面足下承托泥。

139

花梨卷云纹案
清
高87厘米　长144厘米　宽47厘米
清宫旧藏

Long, rosewood table, decorated with cirrus cloud patterns
Qing Dynasty
Height: 87cm　Length: 144cm
Width: 47cm
Qing Court collection

案面四边攒框，面心髹黑漆，面下牙头雕卷云纹，格肩榫结构，直腿外侧中心起双阳线，侧面两腿间安有横枨，平底足，下承雕卷云纹须弥座式托泥。

140

红漆描金团花纹大翘头案
清
高92厘米　长407厘米　宽69.5厘米
清宫旧藏

Large, long, red lacquered table with upturned ends, decorated with gold tracery floral patterns
Qing Dynasty
Height: 92cm　Length: 407cm
Width: 69.5cm
Qing Court collection

案面两侧高翘头，面上饰描金丹凤纹、福寿纹等吉祥纹样。面下牙条饰描金缠枝花卉纹，牙头透雕卍字纹。直腿上亦饰描金缠枝花卉纹，侧面腿间镶透雕罩金缠枝莲纹档板，平足。

141

紫檀云蝠纹边架几案
清
高95厘米　长385.5厘米　宽52厘米
清宫旧藏

Red sandalwood trestle table, decorated with bat[4] and cloud patterned carvings
Qing Dynasty
Height: 95cm　Length: 385.5cm
Width: 52cm
Qing Court collection

案面侧沿雕云蝠纹，面下有两个架几，架几有束腰，透雕云蝠纹，几壁有勾云形开光，开光外透雕蝙蝠、寿桃、及蝙蝠衔卍字纹，有"福寿无边"、"万寿无疆"的寓意。

142

红木云蝠纹翘头案
清
高100厘米　长367.5厘米　宽71厘米
清宫旧藏

Long, mahogany table with up-turned ends, decorated with bat[4] and cloud patterned carvings
Qing Dynasty
Height: 100cm　Length: 367.5cm
Width: 71cm
Qing Court collection

案面夹头榫带托子卷头，两侧卷云头系用其他木料制作。案下牙头、牙条雕云蝠和夔龙纹，案腿中心雕两柱香，边缘亦起线，合成双混面双边线，侧面腿间挡板透雕夔龙纹，足下承雕回纹托泥。

此案原为故宫翊坤宫所用之物。翊坤宫属于故宫西六宫，与储秀宫、体和殿组成一个院落，是清代后妃的居住之所。

143

黑漆描金山水楼阁图炕几
清雍正
高37厘米 长124厘米 宽47.5厘米
清宫旧藏

Black lacquered kang[14] table, decorated with gold tracery landscape patterns
Yongzheng Period, Qing Dynasty
Height: 37cm Length: 124cm
Width: 47.5cm
Qing Court collection

几面上描金绘《山水楼阁图》，山水之间树木掩映，亭台楼榭错落，一叶小舟行于水面，意境深远。面下束腰雕菱形透空开光，周围饰描金行龙纹，直牙条，棂格牙头，牙条及腿面均饰描金圆形皮球花。内翻马蹄，下踩圆珠。

144

紫檀铜绳系纹炕几
清乾隆
高36.5厘米 长82.5厘米 宽42.5厘米
清宫旧藏

Red sandalwood kang[14] table, decorated with a copper cord arrangement
Qianlong Period, Qing Dynasty
Height: 36.5cm Length: 82.5cm
Width: 42.5cm
Qing Court collection

几面侧沿铜包角，面下有罩金漆铜制双条绳系纹罗锅枨，几腿四角起阳线，铜錾花套足。

此几原为慈宁宫所用之物。慈宁宫位于故宫内廷，是清代皇太后居住的宫殿。

145

剔红福寿纹炕几
清乾隆
高34.5厘米　长94.5厘米　宽25.5厘米
清宫旧藏

Carved, red lacquered kang[14] table, decorated with bat[4] and peach patterns
Qianlong Period, Qing Dynasty
Height: 34.5cm　Length: 94.5cm
Width: 25.5cm
Qing Court collection

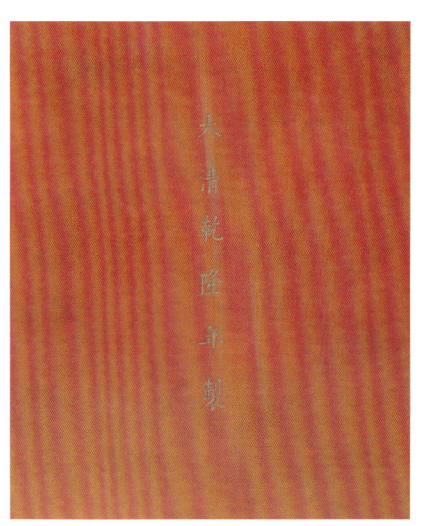

炕几通体剔红。面心浮雕拐子纹及西洋卷草纹，上点缀蝙蝠及鲶鱼纹，回纹边。面侧沿雕蝙蝠、寿桃及卍字纹、拐子纹，纹样延续至腿面，寓意"福寿"。面下镂空拐子纹托角牙。侧面两腿间开光，饰上翻如意云头，足下承海水纹托泥。几面内里正中阴刻描金"大清乾隆年制"楷书款。

清代家具有款识的极少，此几对研究乾隆年间家具工艺有重要参考价值。

146

紫檀小炕几
清乾隆
高40厘米 长95厘米 宽40厘米
清宫旧藏

Small, red sandalwood kang[14] table
Qianlong Period, Qing Dynasty
Height: 40cm Length: 95cm
Width: 40cm
Qing Court collection

小炕几为三块紫檀木整板雕刻组合而成。几面与腿板以闷榫结构格角相接，接角处打成软圆角。两侧面腿板落堂踩鼓做，中间透雕卷云纹开光，内翻卷书式足。

147

红地填彩漆山水图炕几
清
高40.5厘米　长87厘米　宽38厘米
清宫旧藏

Red lacquered kang[14] table, decorated with a landscape pattern made with inlaid colored lacquer
Qing Dynasty
Height: 40.5cm　Length: 87cm
Width: 38cm
Qing Court collection

几面填彩山水、树石、云雾，面侧沿为菱形纹。面下绘卷草纹束腰，下有夔龙纹托腮。四腿挖缺作，牙条与腿均透雕券口，以缠枝花的形式把牙条与腿连在一起。内翻马蹄。

148

紫漆描金松鹤图斑竹炕几
清
高38.5厘米 长123厘米 宽49厘米
清宫旧藏

Purple, lacquered kang[14] table, decorated with a pine and crane picture made from gold tracery and inlaid mottled bamboo
Qing Dynasty
Height: 38.5cm   Length: 123cm
Width: 49cm
Qing Court collection

炕几紫漆镶斑竹制。几面描金彩绘《松鹤图》，画面上六只仙鹤或在空中盘旋，或立于山石之上，旁边衬以松树、灵芝，有祝颂长寿之意。面下斑竹攒成拐子式牙条，侧面两腿间安有斑竹横枨，上雕拐子纹。外翻拐子形足。

据《清档》记载："雍正十年六月二十七日，……着传旨年希尧……再将长三尺至三尺四寸，宽九寸至一尺，高九寸至一尺小炕案亦做些，或彩漆、镶斑竹，款式亦要文雅，钦此。"即指此类家具。

149

紫檀龙纹香几
清乾隆
高92厘米 长41.5厘米 宽29厘米
清宫旧藏

Red sandalwood censer table, decorated with carvings of dragons
Qianlong Period, Qing Dynasty
Height: 92cm Length: 41.5cm
Width: 29cm
Qing Court collection

几面长方形，面下束腰处嵌透孔的绦环板，板上雕龙纹，束腰下有托腮，牙条、四腿及横枨上透雕缠绕蜿蜒的龙纹。足间有透雕龙纹牙子，下承覆莲瓣纹台座。

香几为香炉的承具，此几纹饰繁复生动，用材厚重，结构严谨，给人稳重的感觉。

150

楠木嵌竹丝回纹香几
清乾隆
高92厘米 面径42.5厘米
清宫旧藏

Nanmu[2] wood censer table, decorated with a key-fret pattern made with inlaid bamboo strips
Qianlong Period, Qing Dynasty
Height: 92cm Diameter of top: 42.5cm
Qing Court collection

香几楠木制，嵌竹丝、紫檀丝装饰。几面方形，面下束腰包镶竹黄，再挖槽嵌夔龙纹玉饰件，雕拐子纹花牙。几面侧沿、牙条、腿全部用紫檀丝和竹丝贴嵌成回纹，棱角处均以紫檀丝镶嵌，回纹的轮廓亦用紫檀丝贴嵌。足下承托泥。

此几所用的竹丝和紫檀丝均为1毫米粗细的圆丝，贴嵌图纹精美，不见瑕疵，工艺极其精湛。

151

紫檀蝉纹香几
清乾隆
高89.5厘米　面径39厘米
清宫旧藏

Red sandalwood censer table, decorated with carvings of cicadas
Qianlong Period, Qing Dynasty
Height: 89.5cm　Diameter of top: 39cm
Qing Court collection

几面下束腰，四角雕回纹，中部雕云纹。束腰上下托腮，牙条雕蝉纹，腿间安有雕夔纹罗锅枨，枨上镶雕海水纹板心。枨下辅以云纹托角牙，牙子及腿部边缘起阳线。雕夔纹内翻马蹄，下承方形须弥座，座下有龟脚。

152

紫檀夔龙纹香几
清乾隆
高90.5厘米 长55厘米 宽41厘米
清宫旧藏

Rectangular, red sandalwood censer table, decorated with carvings of Kui[1]-dragons
Qianlong Period, Qing Dynasty
Height: 90.5cm Length: 55cm
Width: 41cm
Qing Court collection

几面攒框装板,面下高束腰饰长方形绦环板,板内雕夔龙纹,束腰上下托腮分别雕仰覆莲瓣纹。透雕拐子纹花牙,拱肩展腿,外翻云纹足,下承须弥座式方托泥。

153

紫檀雕西番莲纹香几
清乾隆
高88厘米 长42厘米 宽31.5厘米
清宫旧藏

Red sandalwood censer table, decorated with carvings of dahlias
Qianlong Period, Qing Dynasty
Height: 88cm Length: 42cm
Width: 31.5cm
Qing Court collection

几面四围起拦水线，面下高束腰，开长方形透光，内透雕西番莲纹，束腰四角有雕花角牙，上下有雕仰覆莲瓣纹托腮，牙条浮雕回纹，牙头透雕拐子纹，展腿雕卷云纹翅，外翻云头形足，下承托泥。

154

紫檀嵌黄杨木莲花纹香几
清乾隆
高105厘米 面径39厘米
清宫旧藏

Red sandalwood censer table with boxwood inlay, decorated with carvings of dahlias
Qianlong Period, Qing Dynasty
Height: 105cm Diameter of top: 39cm
Qing Court collection

几面打槽镶杏木板心。面下均以紫檀木镶嵌黄杨木制成，高束腰以斜卍字锦为地，上饰拐子纹，束腰中心为变形的拐子纹开光，内雕西番莲纹。牙条满地雕西番莲纹，正中为回纹拐子开光，开光内在卍字纹锦地上雕夔龙纹，牙头雕西番莲纹，夔龙纹角牙。云纹展腿，拱肩部雕兽面衔环，下饰悬磬及如意云头纹，外翻云头形足，下承托泥。

155

紫檀瓶式香几
清乾隆
高104厘米　面径35厘米
清宫旧藏

Square, red sandalwood censer table with narrow waist
Qianlong Period, Qing Dynasty
Height: 104cm　Diameter of top: 35cm
Qing Court collection

几面四围起拦水线，面上攒框打槽镶板，侧沿饰云纹垛边，面下为瓶式束腰，瓶颈四角有卷草纹耳，瓶腹上有如意云头纹开光，内雕十字花纹。瓶下有雕如意云头纹双托腮，牙条上铲地浮雕云纹至腿的拱肩处。三弯腿，上部起云纹翅，外翻云头形足，下踩圆珠，方形托泥带龟脚。

156

紫檀西番莲纹六方香几
清乾隆
高87厘米　面径39厘米
清宫旧藏

Hexagonal, red sandalwood censer table, decorated with carvings of dahlias
Qianlong Period, Qing Dynasty
Height: 87cm　Diameter of top: 39cm
Qing Court collection

几面六角形，边抹委角，侧沿雕仰莲瓣纹一周，面下高束腰嵌透雕西番莲纹的绦环板。束腰上下托腮，牙条饰覆莲瓣纹一周，与面沿相对应，边缘锼成如意云头形。拱肩三弯腿，外翻豹脚形足，下承六方须弥式底座，带龟脚。

157

紫檀莲瓣纹香几
清乾隆
高89.5厘米 面径37.5厘米
清宫旧藏

Red sandalwood censer table, decorated with lotus-petal patterns
Qianlong Period, Qing Dynasty
Height: 89.5cm
Diameter of top: 37.5cm
Qing Court collection

几面心髹黑漆，冰盘沿，面下打洼束腰雕莲瓣纹。拱肩直腿，腿间上下各装有雕回纹直枨，腿、牙亦浮雕回纹，并与枨子回纹交圈。内翻回纹马蹄。

158

剔红云龙纹香几
清乾隆
高80厘米 长32厘米 宽25厘米
清宫旧藏

Rectangular, carved, red lacquered censer table, decorated with dragon and cloud patterns
Qianlong Period, Qing Dynasty
Height: 80cm　Length: 32cm
Width: 25cm
Qing Court collection

香几通体剔红。几面雕云龙纹，冰盘沿雕回纹，面下束腰雕回纹及夔龙纹。托腮、牙条及腿部雕回纹，牙条下另安透雕夔龙纹花牙，回纹足下承回纹托泥。

此几原为千秋亭所用之物。千秋亭位于御花园内，是清皇室供奉佛像的地方。

159

黑漆描金双层如意式香几
清
高98厘米 面径48厘米
清宫旧藏

Black lacquered censer table, with ruyi[11]-sceptre-shaped top and gold tracery decorative patterns
Qing Dyansty
Height: 98cm Diameter of top : 48cm
Qing Court collection

几面如意云头形,侧沿饰描金卷云纹及水波纹,面下饰描金云头纹花牙。三弯腿两端如意形,恰似三支如意鼎立,上饰描金团花及卷云纹。隔板下的三弯腿与上层相对称。下承如意形须弥座,座侧沿饰描金拐子、蝙蝠、花卉纹,带龟脚。

此几造型新颖奇特,装饰精美华丽,富于变化,静中有动,给人以隽永的美感。

160

花梨回纹香几
清
高92厘米 面径33厘米
清宫旧藏

Square, rosewood censer table, decorated with key-fret patterns
Qing Dynasty
Height: 92cm Diameter of top: 33cm
Qing Court collection

香几呈炉形。面沿起四层细线，上下两层高束腰，每面正中皆凸起透雕勾云纹，两侧透雕回纹，并上下托腮。两层之间向外拱出四根边框，每根边框向外边角上起两条阳线，下层束腰下的牙条与腿面起八条阳线，自拱肩处向下至足部外撇并逐渐收细。方几侧沿、牙条、立框、托腮及透雕纹饰展面均饰打洼线条。

此几原为符望阁所用之物。

161

鸡翅木镶紫檀回纹香几
清
高90厘米　面径37厘米
清宫旧藏

Jichimu[9] wood censer table, decorated with key-fret patterns made with inlaid red sandalwood
Qing Dynasty
Height: 90cm　Diameter of top: 37cm
Qing Court collection

香几鸡翅木制，镶紫檀装饰。几面侧沿较宽，上起环线，并镶雕回纹紫檀木条。面下束腰，牙条为两个连枨大回纹，牙、枨与腿外侧均镶紫檀雕回纹条，腿间安有四面平管脚枨，内镶板心。

此几原为昭仁殿所用之物。昭仁殿位于故宫内廷，清初康熙皇帝曾在此居住。

162

紫檀拐子纹香几
清
高95.5厘米 面径45.5厘米
清宫旧藏

Red sandalwood censer table, decorated with Kui[1] patterns
Qing Dynasty
Height: 95.5cm
Diameter of top: 45.5cm
Qing Court collection

几面四围起拦水线。面下束腰雕拐子纹,下有托腮,拱肩直腿,腿间有长方形圈口,雕回纹,四周以卡子花和角牙与腿连接,避免了腿间过分空旷和呆板。回纹马蹄。

163

瘿木绳璧纹茶几
清
高82厘米 面径38厘米
清宫旧藏

Square, gnarled-wood side table, decorated with "Bi" (a round flat piece of jade with a hole in its centre) and rope patterns
Qing Dynasty
Height: 82cm Diameter of top: 38cm
Qing Court collection

几面下有透雕卷草纹束腰,牙条、牙头透雕绳璧纹及拐子纹。方腿,边缘起阳线,双翻拐子足接管脚枨,下带龟脚。

164

金漆三足凭几
清初
高47厘米 长88厘米 宽9厘米
清宫旧藏

Table screen with mahogany frame, decorated with an inlaid jade fish
Qing Dynasty
Height: 47cm   Length: 88cm
Width: 9cm
Qing Court collection

几面弧形，两端翘起作浪花状。面下束腰内侧嵌牙雕三块，以高浮雕手法饰苍龙教子图，外侧凸雕夔龙纹。三弯式腿雕成兽头吐水状，在水柱落地处卷起，恰好形成外翻马蹄。构思巧妙。

这种弧形凭几是供席地起居时凭伏的一种家具，适合游牧民族使用，盛行于南北朝时期。宋代以后主要流行在北方少数民族地区，此几是清代皇帝出行时在帐篷内使用的。

屏风
Screens

165

红木莲花边嵌玉鱼插屏
清乾隆
高39厘米 宽33.5厘米 厚10厘米
清宫旧藏

Table screen with mahogany frame, decorated with an inlaid jade fish
Qianlong Period, Qing Dynasty
Height: 39cm Width: 33.5cm
Thickness: 10cm
Qing Court collection

插屏边座红木制,屏心两面皆镂空嵌白玉鲤鱼,四周雕莲花、荷叶及水波纹。屏心正面上部刻隶书"蒲藻含辉"四字,背面上部刻隶书题乾隆御制诗一首,后署"臣 王际华敬书"隶书款并"臣"、"华"篆书描金印章两方。屏框起混面双边线,屏下余塞板浮雕绦环板,光素站牙,回纹框底座。

185

166

红木嵌螺钿三狮进宝图插屏
清乾隆
高45厘米 宽37厘米 厚15厘米

Table screen with mahogany frame, decorated with an inlaid mother-of-pearl lion and figurine picture
Qianlong Period, Qing Dynasty
Height: 45cm Width: 37cm
Thickness: 15cm

屏心正面嵌螺钿《三狮进宝图》，三个金发卷曲的番人手持兵器，驱赶一大狮、二小狮前行。狮子被视为避邪护福的瑞兽，且与"师"谐音，太师、少师都是古代官职，图纹寓意"官禄相传"。背面嵌螺钿"香稻啄余鹦鹉粒，碧梧栖老凤凰枝"诗句。站牙及绦环板透雕夔龙纹，披水牙雕夔凤纹及云纹，双鼓式座墩，起混面双边线。

167

紫檀嵌玉双龙闹海图插屏
清乾隆
高156厘米 宽234厘米 厚53厘米
清宫旧藏

Table screen with red sandalwood frame, decorated with a jade inlay picture of two dragons and seething waves
Qianlong Period, Qing Dynasty
Height: 156cm   Width: 234cm
Thickness: 53cm
Qing Court collection

屏心正面铜边框内嵌青玉雕《双龙闹海图》，背面描金绘相同内容。边框雕蝉纹，屏顶牙雕正龙，站牙雕云龙纹，屏下束腰，座墩及牙条雕云龙纹。

189

168

紫檀嵌古镜插屏
清乾隆
高92厘米　宽73.5厘米　厚26厘米
清宫旧藏

Red sandalwood table screen, with inlaid bronze mirror
Qianlong Period, Qing Dynasty
Height: 92cm　Width: 73.5cm
Thickness: 26cm
Qing Court collection

屏心外镶回纹圈口，正面开圆洞，镶古铜镜一面，铜镜外圈弦纹两道，正中银锭钮。四周木板阴刻描金隶书乾隆御题古镜诗一首，后署"乾隆丙申（1776）春御题"隶书款并钤朱印。背面阴刻于敏中、王际华、梁国治、董诰、陈孝泳、沈初、金士松等大臣的应和之作。屏框与底墩一木贯通，以两道横枨连为一体，中间为镶嵌云纹余塞板。屏框、站牙、横枨、披水牙、座墩皆雕拐子纹。披水牙内里分别描金刻"汉纯素鉴"、"乾隆御玩"款识。

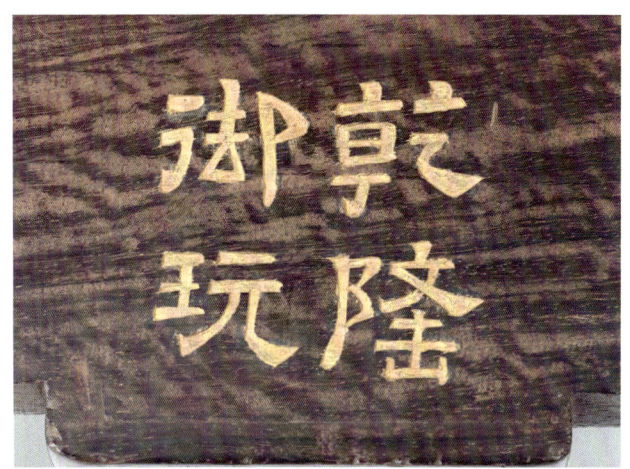

169

紫檀嵌木灵芝插屏
清中期
高101厘米　宽95厘米　厚50厘米
清宫旧藏

Large, red sandalwood table screen, decorated with inlaid wood and ling zhi[12] (magic fungus) patterns
Middle Qing Dynasty
Height: 101cm　Width: 95cm
Thickness: 50cm
Qing Court collection

插屏边座紫檀木制。屏心正面嵌木灵芝，古人以灵芝为长生草，故多以其寓意长寿。背面为描金隶书乾隆御题咏芝屏诗，后署"乾隆甲午（1774）御题"描金隶书款，并钤篆书印章款两方。光素站牙，绦环板雕如意云头纹，披水牙雕回纹，正中垂洼堂肚。

故土辟山澤新屏厠几
帷丹青難與繪雕琢未
曾施相則檀紫稇藉帷
亭白宜質猶盈尺富歲
呂數千期舜代卿雲蔭
堯丰寶露滋蟬聯三秀
燦蟠鎣萬芢蕺底用祥
編袤還噞壽牒披塗中
思曳尾或亦似靈龜
乾隆甲午御題

170

贴簧嵌玉十六罗汉图插屏
清乾隆
高42厘米 宽75厘米 厚20厘米
清宫旧藏

Table screen, decorated with sixteen pictures of arhats[3] (Buddhist monks) on inlaid jade panels
Qianlong Period, Qing Dynasty
Height: 42cm Width: 75cm
Thickness: 20cm
Qing Court collection

插屏边座贴竹簧。屏心两面均分上下两层，每层嵌八块白玉片，共十六块。每块白玉片正面阴刻填金罗汉像一尊；背面为乾隆御题"十六罗汉赞"填金楷书诗句，后署"乾隆丁丑（1757）清和御笔"楷书款。站牙、绦环板及披水牙均用黄杨木雕卷草纹为地，绦环板上有长圆形开光，披水牙上雕夔龙纹，站牙下部用竹丝嵌成圆珠形，似抱鼓墩。

171

花梨嵌玉璧插屏
清乾隆
高108厘米 宽82厘米 厚42厘米
清宫旧藏

Rosewood table screen, with "Bi" (a round flat piece of jade with a hole in its centre) inlay
Qianlong Period, Qing Dynasty
Height: 108cm Width: 82cm
Thickness: 42cm
Qing Court collection

插屏边座花梨木制。屏心正中嵌玉璧，玉璧中心有一紫檀圆形开光，开光内雕八卦中"乾"卦符号及双夔龙纹，背面为乾隆御题诗。屏心、站牙、绦环板、披水牙、座墩皆雕夔龙纹。

172

紫檀雕鸡翅木嵌玉人插屏
清
高52厘米 宽50厘米 厚31厘米
清宫旧藏

Red sandalwood table screen, decorated with jichimu[9] wood carvings and inlaid jade figurines
Qing Dynasty
Height: 52cm Width: 50cm
Thickness: 31cm
Qing Court collection

插屏边座紫檀木制。屏心用鸡翅木雕树木、小船、山石，并嵌白玉雕廊榭、亭台及分别持寿桃、葫芦、拐杖的三位老者，寓"福禄寿"之意。背面有一个一面玻璃的方型铅筒，可放水养鱼。屏座呈八字形，站牙、绦环板、披水牙均雕拐子纹，座柱外侧雕清供纹，柱头雕回纹。

173

紫檀嵌鸡翅木五福添寿图插屏
清
高185厘米 宽85厘米 厚56厘米
清宫旧藏

Red sandalwood table screen, decorated with a jichimu[9] wood carving, and the characters Wu Fu "Tian Shou" (The five blessings will prolong your life)
Qing Dynasty
Height: 185cm Width: 85cm
Thickness: 56cm
Qing Court collection

插屏边座紫檀木制。屏心正面镶铜边，外沿雕回纹，内用鸡翅木雕山水、亭台、人物、仙鹤、灵芝，蓝漆地上部有"五福添寿"四字。背面为黑漆地，描金绘折枝花卉纹。屏座正中雕夔龙团花纹，站牙、绦环板、披水牙均雕卷云纹及螭纹。

此屏为一对，另一屏题名为"万年普祝图插屏"。

174

红木嵌螺钿三星图插屏
清
高45.5厘米　宽43厘米　厚12.5厘米
清宫旧藏

Mahogany table screen, decorated with inlaid mother-of-pearl pictures of Three Stars
Qing Dynasty
Height: 45.5cm　Width: 43cm
Thickness: 12.5cm
Qing Court collection

插屏边座红木制。屏心黑漆地，正面嵌螺钿福、禄、寿三星，五个童子及双鹿、寿桃等图纹，寓"福禄寿"吉祥之意。背面黑漆地上有描金"盈盘珠玉天成瑞，象饰辉煌庆德光"诗句，并署"程文光制"印章款。站牙透雕夔龙纹，绦环板雕云龙纹，底座为卷书几式，侧面起阳线，牙条雕玉宝珠纹。

175

紫檀刻瓷四皓图插屏
清
高55厘米　宽30厘米　厚18厘米
清宫旧藏

Red sandalwood table screen, decorated with a porcelain carving of four old men
Qing Dynasty
Height: 55cm　Width: 30cm
Thickness: 18cm
Qing Court collection

屏心为绿釉瓷板戗金刻《四皓图》，画面上高山耸立，林木掩映，祥云缭绕，殿宇隐现，四位老者在山间攀谈、漫步。站牙透雕云纹，屏下余塞板光素，披水牙下锼出壶门曲边，阶梯状座墩。

四皓故事出《史记》，言秦末四位老人隐逸商山，后辅佐汉高祖之子刘盈即位。

176

紫檀嵌青玉夔龙纹插屏
清
高36厘米 宽31厘米 厚17厘米
清宫旧藏

Red sandalwood table screen, decorated with a Kui¹-dragon pattern carved in sapphire
Qing Dynasty
Height: 36cm　Width: 3lcm
Thickness: 17cm
Qing Court collection

屏心正面镶嵌青玉雕蝙蝠、夔龙纹，在青玉空隙处由上至下对称透雕豹、猪、兔、羊等兽。背面光素，打槽装板，内有铜镜。屏框四缘及站牙透雕夔龙纹。

177

铁画山水四扇挂屏
清早期
长107.5厘米 宽54厘米

Four-section hanging panel, with landscape pictures made from iron
Early Qing Dynasty
Length: 107.5cm　Width: 54cm

挂屏硬木六抹攒框，屏心上、中、下各镶一起鼓板条，分上下两大格，内镶绦环板，在白绢地上分别嵌铁画山水，画面简洁而意境深远。

铁画为康熙年间安徽芜湖人汤鹏所创。其工艺是先将烙铁打成薄片或铁线条，然后根据画稿进行折叠剪裁，再经锤锻，最后焊接完成图画。

205

178

铁画四季花卉图四扇挂屏　汤鹏
清康熙
高118厘米　单扇宽36厘米
清宫旧藏

Four-leafed hanging screen, with pictures made from iron of the Flowers of the Four Seasons by Tang Peng
Kangxi Period, Qing Dynasty
Height: 118cm
Each leaf: Width: 36cm
Qing Court collection

挂屏四扇成堂，硬木边框，屏心镶铁制牡丹、荷花、菊花、梅花等四季花卉，末署"汤鹏"二字并二方铁制印章款。

汤鹏，字天池，清康熙时人，芜湖铁工，铁画创始人。其锻铁作画，凡花鸟草虫，曲尽生致，又通作山水大幅，或合四面成一灯，锤铸之巧，前所未有。带有作者款识的铁画作品故宫现存仅此一件，十分珍贵。

179

剔红嵌五彩螺钿山水图挂屏
清雍正至乾隆
长102.5厘米　宽71.5厘米
清宫旧藏

Hanging panel with a carved, red lacquered frame, and a landscape picture made from variegated, inlaid mother-of-pearl
Yongzheng-Qianlong Period, Qing Dynasty
Length: 102.5cm　Width: 71.5cm
Qing Court collection

屏心黑漆地上以极薄的五彩螺钿及螺钿碎沙贴嵌出山水图，画面上山石耸立，水波不兴，花树垂柳，点缀坡岸，楼台亭榭，掩映其中。边框剔红饰缠枝莲纹，里侧刻回纹。

此屏嵌螺钿工艺精湛，构图细腻，实为精品。

180

紫檀嵌玉菊花图挂屏
清乾隆
长106厘米　宽61.5厘米
清宫旧藏

Hanging panel with a red sandalwood frame, featuring a picture of chrysanthemums made with inlaid jade
Qianlong Period, Qing Dynasty
Length: 106cm　Width: 61.5cm
Qing Court collection

挂屏边框紫檀木制。屏心粉漆地，上嵌墨玉、白玉菊花、白玉洞石，衬以碧玉竹子、孔雀石花朵、蝴蝶。寓意"高节长寿"。

181

剔红兰亭雅集图挂屏
清乾隆
长139厘米 宽29厘米
清宫旧藏

Carved, red lacquered hanging panel, with a picture of a gathering of scholars in Lanting
Qianlong Period, Qing Dynasty
Length: 139cm Width: 29cm
Qing Court collection

挂屏通体剔红。屏心雕《兰亭雅集图》，上部为远山浮云，山下有竹林，竹林间有各式人物高谈阔论，河边有人正在垂钓。松林间有小亭临水，亭中有老者观景，水中白鹅游弋。山侧一老者携琴前来。画面借王羲之兰亭雅集故事，表现一派祥和安宁的景象。屏上有乾隆御题诗。

御题诗：茂林修竹此间多，展卷居然晋永和。千载由人摹禊帖，孰传骨髓孰传讹。

182

紫檀百宝嵌梅花图挂屏
清
长111厘米 宽76厘米
清宫旧藏

Hanging panel with a red sandalwood frame, featuring a picture of plum blossoms made from inlaid gems
Qing Dynasty
Length: 111cm Width: 76cm
Qing Court collection

挂屏边框紫檀木制。屏心正面黄漆地，上用螺钿、染牙、松石、孔雀石、玉石等料，嵌老树梅花、山茶、洞石、灵芝、坡地，寓意"长寿吉祥"。背面为黑漆描金《洪福齐天图》，绘九只蝙蝠在祥云间飞舞。

183

红木染牙作坊图挂屏
清
长139.5厘米　宽37.5厘米

Hanging panel with a picture of a small workshop made with stained ivory
Qing Dynasty
Length: 139.5cm　Width: 37.5cm

挂屏边框红木制，框上有透雕如意云头纹、铜镀金挂环。屏心外沿镶铜镀金回纹，正中淡绿色漆地上嵌《作坊图》，表现有纺织、缫丝、以粮易酒等场面，其中房舍、人物、树木、流云均以染牙做成，山石堤岸则以鸡翅木制。

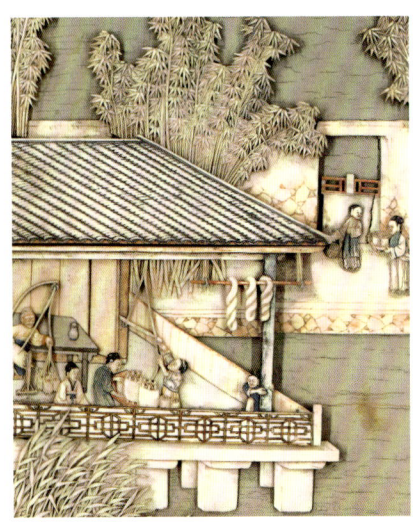

184

紫檀嵌玉玉堂富贵图挂屏
清
长112厘米 宽78厘米
清宫旧藏

Hanging panel with red sandalwood frame, featuring a picture made with inlaid jade
Qing Dynasty
Length: 112cm Width: 78cm
Qing Court collection

挂屏边框紫檀木制。屏心外沿雕回纹，蓝绒地上嵌白玉玉兰花、孔雀石玉兰树及白玉山石、玉制牡丹，一只绶带鸟展翅飞翔，寓"玉堂富贵"之意。上框凸起，内卷成回纹形状，下框内凹。

185

刻灰描金彩绘群仙祝寿图围屏
清早期
高323.5厘米　通宽600厘米
单扇宽49.5厘米
清宫旧藏

Inlaid lacquer folding screen, decorated with a colored, gold tracery picture of a group of Immortals celebrating a birthday
Early Qing Dynasty
Height: 323.5cm   Overall width: 600cm
Width of each leaf: 49.5cm
Qing Court collection

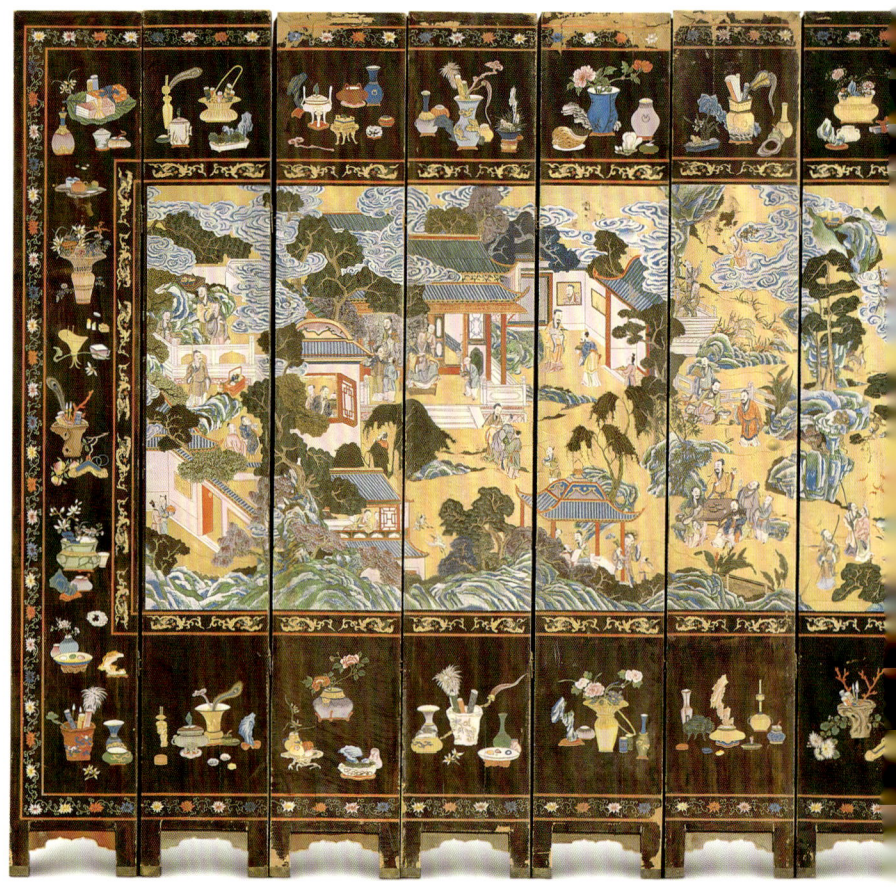

围屏共十二扇，每扇之间用挂钩连接，可开合。屏心正面彩绘《群仙祝寿图》，仙山之中，各洞府神仙会聚，祥云之上，西王母乘车而来。背面彩绘《百鸟朝凤图》，正中刻一只凤凰，周围点缀鸳鸯、绶带、黄鹂、八哥等瑞鸟，并有百花衬托。两面四围雕填一圈博古纹，里外各饰一圈描金花边。

刻灰，又名款彩、大雕填，是先在漆地上凹刻花纹，再填漆色、油色或金银的一种装饰技法，因在刻去漆面的同时也刻去漆灰而得名。

215

186

刻灰描金彩绘子仪祝寿图围屏
清早期
高323.5厘米　通宽600厘米
单扇宽49.5厘米
清宫旧藏

Inlaid lacquer folding screen, decorated with a colored, gold tracery picture of Guo Ziyi wishing someone a happy birthday
Early Qing Dynasty
Height: 323.5cm　Overall width: 600cm
Width of each leaf: 49.5cm
Qing Court collection

屏心正面彩绘唐代元帅郭子仪祝寿故事，画面上帅府两进，厅堂宽敞，人物众多。背面彩绘五彩雉鸡、白鹭、鹧鹰、白头以及松树、牡丹、玉兰，寓意"玉堂富贵"、"子孙满堂"。两面四围饰博古纹，里外各饰一圈描金花边。

此屏与前图围屏为一套，二者工艺、结构相同，图纹内容虽不同，但均为祝寿之吉祥寓意。

187

康熙御书唐诗围屏
清康熙
高186厘米 单扇宽50厘米
清宫旧藏

Folding screen inscribed with a Tang Dynasty poem composed by the Qing Emperor Kangxi
Kangxi Period, Qing Dynasty
Height: 186cm
Width of each leaf: 50cm
Qing Court collection

围屏边框花梨木制，以织锦两面交叉裱糊连接，可完全折合，共八扇。屏心两面糊纸，每屏上为康熙御书唐人七言绝句一首，后署"丙戌（1706）口外避暑 秋前书"款。下镶浮雕勾云纹绦环板，牙条下垂洼堂肚。饰勾云纹包铜套足。

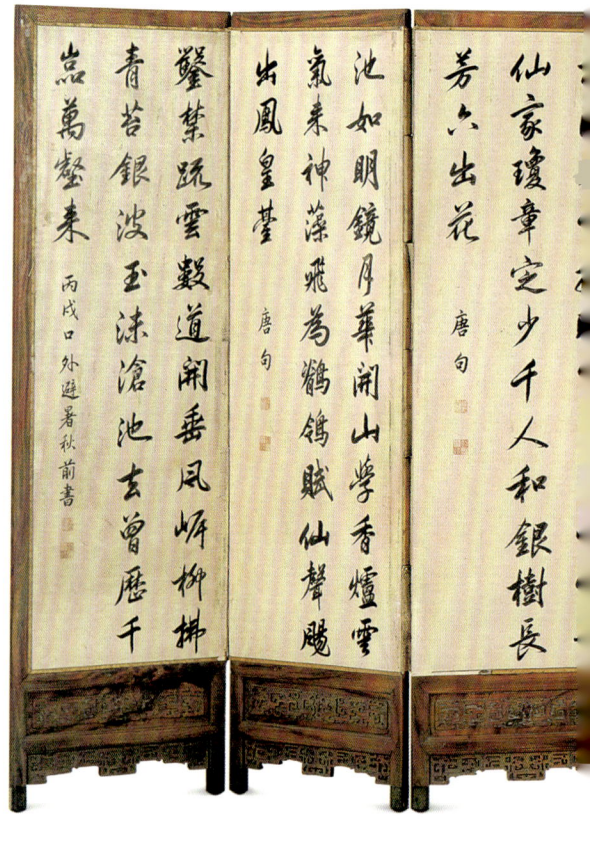

188

黑漆点翠万花献瑞图围屏
清雍正至乾隆
高174厘米 通宽390厘米
清宫旧藏

Folding screen with black lacquered frame, decorated with a kingfisher feather appliqué picture of flowers
Yongzheng-Qianlong Period, Qing Dynasty
Height: 174cm Overall width: 390cm
Qing Court collection

围屏边框髹黑漆，点翠纹饰，共十二扇。屏心玻璃面内以点翠工艺镶嵌通景《万花献瑞图》，中央有牡丹、芍药，四周有海棠、百合、绣球、莲花、秋葵、芙蓉、水仙、梅花相托，并衬有松、竹、柿、桃、枇杷、佛手等。图中题"万花献瑞"隶书字。图上下两端描金绦环板内饰朵云纹。裙板四角饰朵云纹，中间为描金蝙蝠与折枝花卉纹。上有莲花纹屏帽，下承须弥式八字形底座，饰海水纹，外罩金漆。

此屏装饰艳丽、雍容华贵且寓意吉祥，具有典型的清式家具装饰特点。

乘輿執玉已登壇細雨沾衣春
殿寒昨夜雲生拜初月萬年甘
露水精盤 唐句

宮連太液見滄波暑氣微消秋
意多一夜輕風籟末起露珠翻
盡滿池荷 唐句

入雲晴剧夜參還日暮逢迎水
石間看待詩人無別物半潭秋
水一房山 唐句

浮雲不共此山齋夜霧蒼蒼
轉迷曉月暫飛千樹裏秋河隔
在數峯西 唐句

葛蒲翻葉暗上蓮舟鳥
不知更到蘆花寒深霞玉樓
金

189

花梨湘妃竹缂丝花鸟图围屏
清雍正至乾隆
高132厘米　通宽288厘米
清宫旧藏

Folding screen with rosewood frame, decorated with a silk tapestry featuring mottled bamboo patterns and pictures of birds and flowers
Yongzheng-Qianlong Period, Qing Dynasty
Height: 132cm　Overall width: 288cm
Qing Court collection

围屏边框花梨木制，共九扇，以钩钮连接，五抹回格。屏心以湘妃竹攒成拐子纹，当中海棠式开光，两面夹心，上饰黄地双面缂丝花鸟，有绣球、山茶、梅花、秋葵、牡丹、荷花、虞美人等花卉。上眉及中腰较窄，内镶黄地双面缂丝流云纹，裙板海棠式开光，饰镶黄地双面缂丝折枝花卉图纹。下为湘妃竹攒拐子纹花牙。

190

紫檀嵌玉石花卉图围屏
清乾隆
高237厘米 通宽304厘米
清宫旧藏

Red sandalwood-framed screen, decorated with pictures of flowers and plants made from inlaid jade
Qianlong Period, Qing Dynasty
Height: 237cm Overall width: 304cm
Qing Court collection

围屏边框紫檀木制，共九扇，活页八字形。屏心正面为米黄色漆地，上嵌茶花、石榴、紫藤、梅花、天竺、牡丹、玉兰、菊花、腊梅等玉石花卉，每幅均有乾隆御题诗。背面为黑漆描金云蝠纹。屏侧及上下端均为紫檀开光，雕西番莲纹。边框嵌凿绳纹铜线牙，雕如意云边开光西番莲纹毗卢帽，下承三联木座。

191

乾隆御书消夏十咏诗围屏
清乾隆
高280厘米　通宽530厘米
清宫旧藏

Folding screen inscribed with ten Odes To Summer written
Qianlong Period, Qing Dynasty
Height: 280cm　Overall width: 530cm
Qing Court collection

围屏共十扇，木框包绢连接，可折叠。屏心纸地上乾隆御题行书《消夏十咏》诗，诗题分别为《荷》、《蝉》、《扇》、《蛙》、《萤》、《冰》、《月》、《雨》、《瓜》、《蛩》，末署"壬申（1752）秋月御笔"款，后钤两方朱文印章。屏身上下各装双抹，落堂镶云纹板心，包铜套足。

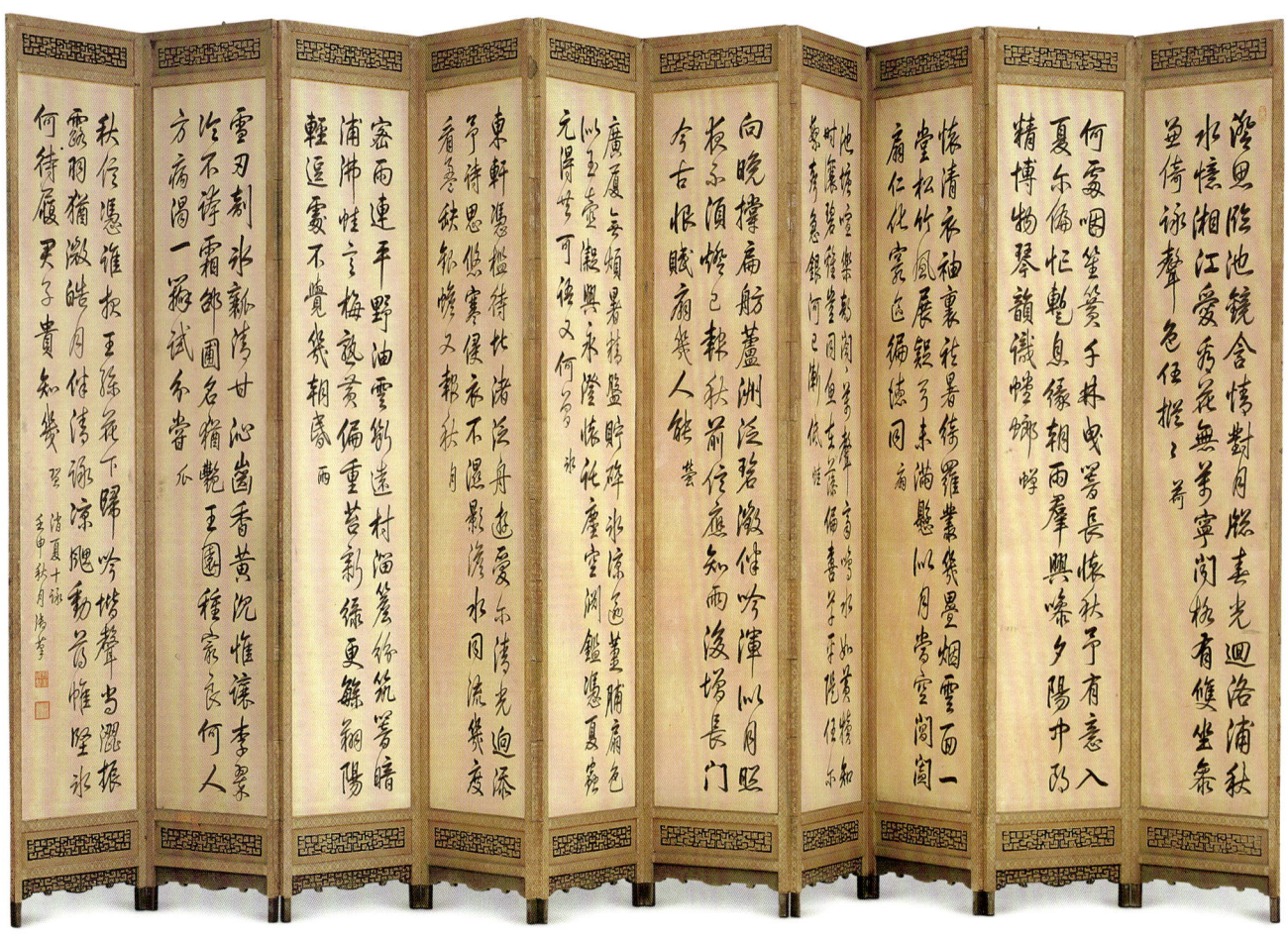

192

乾隆御书夜亮木赋围屏
清乾隆
高275厘米 通宽336厘米
清宫旧藏

Folding screen inscribed with an ode about Luminous Wood written by Emperor Qianlong
Qianlong Period, Qing Dynasty
Height: 275cm　Overall width: 336cm
Qing Court collection

围屏共八扇，木框包锦，六抹攒框，可折叠。屏心纸地上乾隆御题行书《夜亮木赋》，末署"乾隆壬申（1752）秋八月驻跸避暑山庄御制并书"款。眉板、腰板、裙板、底板落堂镶心，饰拐子龙纹。牙条正中垂拐子纹洼堂肚，包铜套足。

193

紫檀嵌玉乾隆御书千字文围屏
清乾隆
高86.5厘米 通宽319.5厘米 厚20厘米
清宫旧藏

Folding screen with red sandalwood frame, featuring a one thousand word essay written by Emperor Qianlong made with inlaid jade
Qianlong Period, Qing Dynasty
Height: 86.5cm
Overall width: 319.5cm
Thickness: 20cm
Qing Court collection

围屏边座紫檀木制，共九扇。屏心正面嵌玉乾隆御题草书《千字文》，后署"怀素草书千字文 庚寅（1770）小年夜 御临"款。背面蓝地上描金绘梅、桃、梨、桂等花果树木。裙板落堂踩鼓做，嵌雕染牙花卉，下承长方形须弥台座。

此围屏做工精湛，书法娴熟，纹饰精美，为清乾隆年间的家具精品。

225

194

纸织字围屏
清乾隆
高241厘米 通宽690厘米
清宫旧藏

Folding screen, decorated with poems made from woven paper strips
Qianlong Period, Qing Dynasty
Height: 241cm Overall width: 690cm
Qing Court collection

围屏共十二扇，木框包锦连接，可双向折合。屏心以纸丝编织乾隆御题诗十二首。下镶金漆夔纹绦环板，下有雕夔纹牙条。

纸织字或纸织画工艺为福建永春州所特有，已有近一千二百年的历史，其工艺"以罗纹纸笺剪为片，五色相间，经纬成文，凡山水、人物、花鸟皆具"。

195

彩绣白凤围屏
清中晚期
高227厘米 通宽536厘米
单扇宽67厘米
清宫旧藏

Folding screen, featuring an embroidered white phoenix
Middle-late Qing Dynasty
Height: 227cm Overall width: 536cm
Width of each leaf: 67cm
Qing Court collection

围屏边框髹黑漆，八扇成堂，钩钮连接。屏心宝蓝色绸地上通景彩绣松树、菊花，屏心正中用白色丝线绣出引项高鸣的白凤，单腿落在松树上，寓"吉祥长寿"之意。每扇下框两端安转向脚轮，可以随意调整围屏的位置和方向。

196

紫檀嵌螺钿皇子祝寿诗屏风
清康熙
高356厘米　通宽1128厘米
单扇宽70.5厘米
清宫旧藏

Red sandalwood screen, decorated with mother-of-pearl inlays and poems written by the princes to celebrate Emperor Kangxi's birthday
Kangxi Period, Qing Dynasty
Height: 356cm　Overall width: 1128cm
Width of each leaf: 70.5cm
Qing Court collection

屏心正面纸地上以石青颜料书写诗句，每扇五十六字，为康熙六十岁寿辰时十六位皇子为其作的祝寿诗。背面米色绢地上用彩线绣成不同形态的"寿"字一万个，每个字以黑丝线镶边，使字迹更为明显。框顶端饰眉板，透雕正龙捧珠纹。正面四边饰螺钿夔龙纹，里框饰描金蝠寿纹，裙板两面浮雕双龙捧寿纹，横枨下有铜质镀金托角牙，包铜镀金套足。

屏风一套三十二扇，分皇子、皇孙制诗两组，每组各十六扇。此组为皇子制诗。

197

紫檀嵌螺钿皇孙祝寿诗屏风
清康熙
高356厘米　通宽1128厘米
单扇宽70.5厘米
清宫旧藏

Red sandalwood screen, decorated with mother-of-pearl inlays and poems written by the imperial grandsons to celebrate Emperor Kangxi's birthday
Kangxi Period, Qing Dynasty
Height: 356cm　Overall width: 1128cm
Width of each leaf: 70.5cm
Qing Court collection

屏心正面纸地上以石青颜料书写诗句，诗句分上下两层，各有五言律诗一首，系康熙的三十二位皇孙为其所作的祝寿诗，背面绣一万个"寿"字。眉板、边饰、里框、裙板装饰等与前图屏风相同。

此组屏风与前图屏风同为一套，为皇孙制诗。

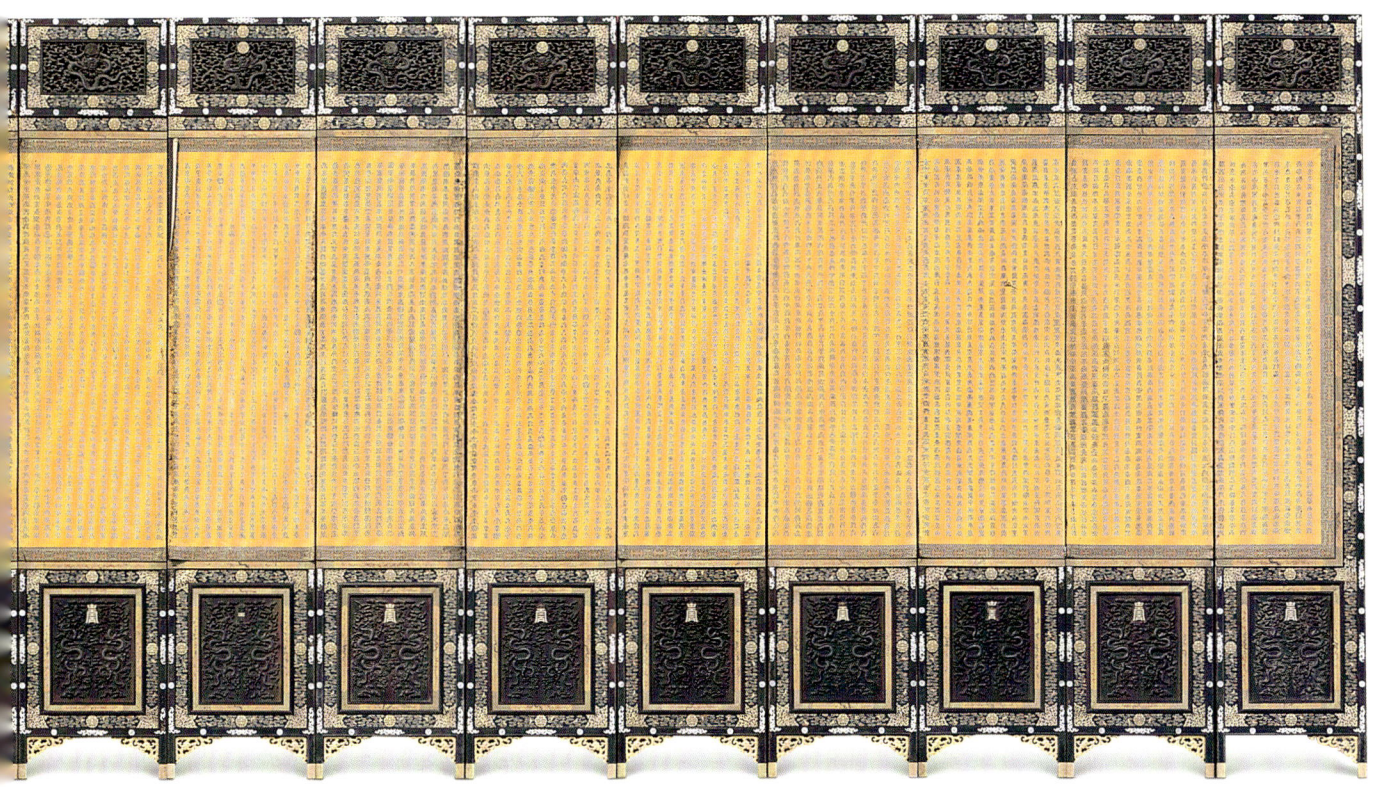

198

黑漆平金九龙屏风
清雍正
高275厘米　通宽375厘米　厚120厘米
清宫旧藏

Screen with a black lacquered frame, featuring embroideries of nine dragons made with gold thread
Yongzheng Period, Qing Dynasty
Height: 275cm　Overall width: 375cm
Thickness: 120cm
Qing Court collection

屏风共九扇。屏心米色绸地上彩绣海水江崖、云蝠及暗八仙纹，正中以平金工艺绣九条金龙。眉板以拐子纹攒框，以金漆彩绘手法描饰云纹，下部落堂踩鼓镶板，正中饰描金山水图，周围金漆彩绘各式皮球花，下承三联八字形须弥座，高束腰饰描金彩绘各式花卉。

199

紫檀岁登图屏风
清雍正
高320厘米 通宽360厘米 厚90厘米
清宫旧藏

Red sandalwood screen, featuring carvings of Lantern Festival scenes
Yongzheng Period, Qing Dynasty
Height: 320cm Overall width: 360cm
Thickness: 90cm
Qing Court collection

屏风紫檀木制，共三扇。屏心紫檀镶板，雕正月十五闹花灯的景象，老者站在厅堂前，庭院内摆放火盆，内院孩童放爆竹、拉象车、舞灯笼。门外宾客络绎不绝，周围衬以松柏、腊梅。有"竹报平安"、"万象更新"、"五谷丰登"等吉祥寓意。屏帽为盔顶式，下有卷草纹山花，顶端五个火珠上雕《五岳真形图》。两侧角各雕一鹞鹰俯视下方，与屏框与底座把角处雕二老鼠相呼应。三联八字形底座浮雕仰覆莲瓣、团花、火珠等纹饰。

200

黑漆描金边纳绣屏风
清雍正至乾隆
高191厘米 通宽237厘米 厚73厘米
清宫旧藏

Petit-point gauze screen, with black lacquered frame decorated with gold tracery patterns
Yongzheng-Qianlong Period, Qing Dynasty
Height: 191cm Overall width: 237cm
Thickness: 73cm
Qing Court collection

屏风共五扇。屏心米色纱地上以各种彩线双面纳绣牡丹、菊花、芙蓉、天竺、灵芝、水仙、山石及蝙蝠，寓"福寿如意"、"富贵长寿"之意。边框饰描金缠枝花及蝙蝠纹，上端板心正中为描金"寿"字，两侧饰描金云蝠及暗八仙纹。下承八字形须弥式座，高束腰正中饰描金正龙，两侧为双龙戏珠纹，束腰下饰描金拐子及花卉纹。

201

紫檀嵌鸡翅木山水图屏风
清乾隆
高275厘米　通宽290厘米　厚63厘米
清宫旧藏

Red sandalwood screen, featuring a landscape scene made from inlaid, carved jichimu[9] wood
Qianloug Period, Qing Dynasty
Height: 275cm　Overall width: 290cm
Thickness: 63cm
Qing Court collection

屏风边座紫檀木制，共三扇。屏心天蓝色漆地上用鸡翅木碎料雕刻树石、楼阁、人物，上有乾隆题御诗。边框上装紫檀木雕七龙戏珠纹屏帽，两侧站牙各饰一龙，合为九龙。下承三联八字形须弥座，座上浮雕莲瓣纹及拐子纹，卷云纹龟脚。

202

剔红山水图屏风
清乾隆
高287厘米　通宽268厘米　厚67厘米
清宫旧藏

Three-leafed, carved, red lacquered screen, featuring a landscape scene
Qianlong Period, Qing Dynasty
Height: 287cm　Overall width: 268cm
Thickness: 67cm
Qing Court collection

屏风通体剔红，共三扇。屏心正面雕山水楼阁，树石花卉及祥云，数位仙人漫步其间，云间一仙人乘鹤而来，寓有"群仙祝寿"之意。背面为描金云蝠和寿桃纹，寓意"福寿"。框雕缠枝莲纹，里侧方格锦纹圈边。屏帽雕云纹和龙戏珠纹为地，上剔红如意纹间缠枝莲纹。下承三联八字形须弥式座，雕莲花纹。

203

紫檀嵌玻璃画屏
清
高280厘米　通宽340厘米　厚70厘米
清宫旧藏

Red sandalwood screen, decorated with floral patterned carvings and paintings on inlaid glass panels
Qing Dynasty
Height: 280cm　Overall width: 340cm
Thickness: 70cm
Qing Court collection

画屏紫檀木制，共五扇。每扇屏心分三部分，上下各一块雕卷草纹绦环板，中间一块雕卷草纹白檀木心上嵌三幅玻璃画，分别绘有仙阁、花卉、"海屋添筹"等内容，画法上吸收西洋技法。屏上及边侧有透雕西洋花纹屏帽及边牙，下承八字形须弥式座，上雕莲瓣及夔纹。

柜格箱架

Cabinets, Shelving, Chests and Stands

204

紫檀雍正耕织图立柜
清中期
高200.5厘米　长94厘米　宽42厘米

Red sandalwood closet, decorated with Yongzheng Period carvings of people ploughing and weaving
Middle Qing Dynasty
Height: 200.5cm　Length: 94cm
Width: 42cm

立柜对开两扇门，门板上有对称的满月式、梅花式、海棠式、花瓣式及委角长方形开光，内中雕《雍正耕织图》，共十一幅，开光之外衬以云纹地。边框嵌铜面页和活页，安鱼形拉环。四腿直下，包铜套足。

此柜四件组成，俗称四件柜，每两件为一对，此为其中一对，其造型、工艺均体现清前期的家具风格。

205

紫檀龙凤纹立柜
清
高162厘米　长83.5厘米　宽32厘米
清宫旧藏

Red sandalwood closet, decorated with carvings of dragons and phoenixes
Qing Dynasty
Height: 162cm　Length: 83.5cm
Width: 32cm
Qing Court collection

立柜对开两门，间有活动立栓，框内落堂镶板，雕夔龙、夔凤上下飞舞，边框嵌铜镀金錾花面页和活页，安云形拉环。柜内有抽屉架，安抽屉两具。门下为柜膛，膛面雕双夔龙纹，柜膛内有闷仓，闷仓上有两个活动仓板。四腿直下，包铜套足。

此柜做工精美，雕饰繁缛，为清代家具珍品。

206

紫檀暗八仙纹立柜
清
高162厘米 长90厘米 宽35.5厘米
清宫旧藏

Red sandalwood closet, decorated with carved symbols of the Eight Immortals
Qing Dynasty
Height: 162cm Length: 90cm
Width: 35.5cm
Qing Court collection

立柜对开两门，门框内落堂镶板，铲地雕云纹间暗八仙纹，寓祝颂长寿之意。边框嵌铜面页和活页，安云形拉环。门下有柜肚，铲地雕海水江崖间云蝠纹，寓"福如东海"之意。两侧面山板雕拐子纹间锦结葫芦。

207

紫檀冰梅纹顶竖柜
清乾隆
高161厘米　长103厘米　宽42厘米
清宫旧藏

Red sandalwood, two-sectioned cabinet, decorated with ice crackle and plum blossom patterns
Qianlong Period, Qing Dynasty
Height: 161cm　Length: 103cm
Width: 42cm
Qing Court collection

顶竖柜由顶柜及竖柜两部分组成。两柜均为对开两门，中间有活动立栓。门心板嵌银丝冰梅纹，边框上安铜錾花面页、扭头和吊牌。

208

紫檀西番莲纹顶竖柜
清乾隆至嘉庆
高164厘米 长102厘米 宽35厘米
清宫旧藏

Red sandalwood, two-sectioned cabinet, decorated with carvings of dahlias
Qianlong-Jiaqing Period, Qing Dynasty
Height: 164cm Length: 102cm
Width: 35cm
Qing Court collection

顶竖柜的门心板铲地浮雕西番莲纹，边框嵌安铜面页和活页，安云形拉环。门内装樘板设抽屉。门下安有西番莲卷草纹牙条。

209

紫檀八宝八仙纹顶竖柜
清
高161厘米 长89.5厘米 宽35.5厘米
清宫旧藏

Red sandalwood, two-sectioned cabinet, decorated with carvings of the Eight Treasures and the Eight Immortals (Buddhist sacred emblems)
Qing Dynasty
Height: 161cm   Length: 89.5cm
Width: 35.5cm
Qing Court collection

顶竖柜的门正面打槽装板，落堂踩鼓。顶柜门心板雕藏传佛教的八宝纹及云纹；竖柜门心板雕暗八仙纹间云纹。两侧面山板雕锦结蝠磬葫芦纹。边框安铜錾螭纹镀金活页及面页。

此柜从做工特点看，系出自清宫造办处工匠之手。

210

剔红八龙闹海纹顶竖柜
清
高129厘米 长71厘米 宽36厘米
清宫旧藏

Carved, red lacquered, two-sectioned cabinet, decorated with carvings of eight dragons frolicking in the sea
Qing Dynasty
Height: 129cm　Length: 71cm
Width: 36cm
Qing Court collection

顶竖柜通体剔红。上下门心板对称雕饰八龙闹海纹，边框雕缠枝莲纹。柜门下有闷仓，俗称"柜肚"。柜身框架雕缠枝莲纹，两侧山板起地雕卷草纹。

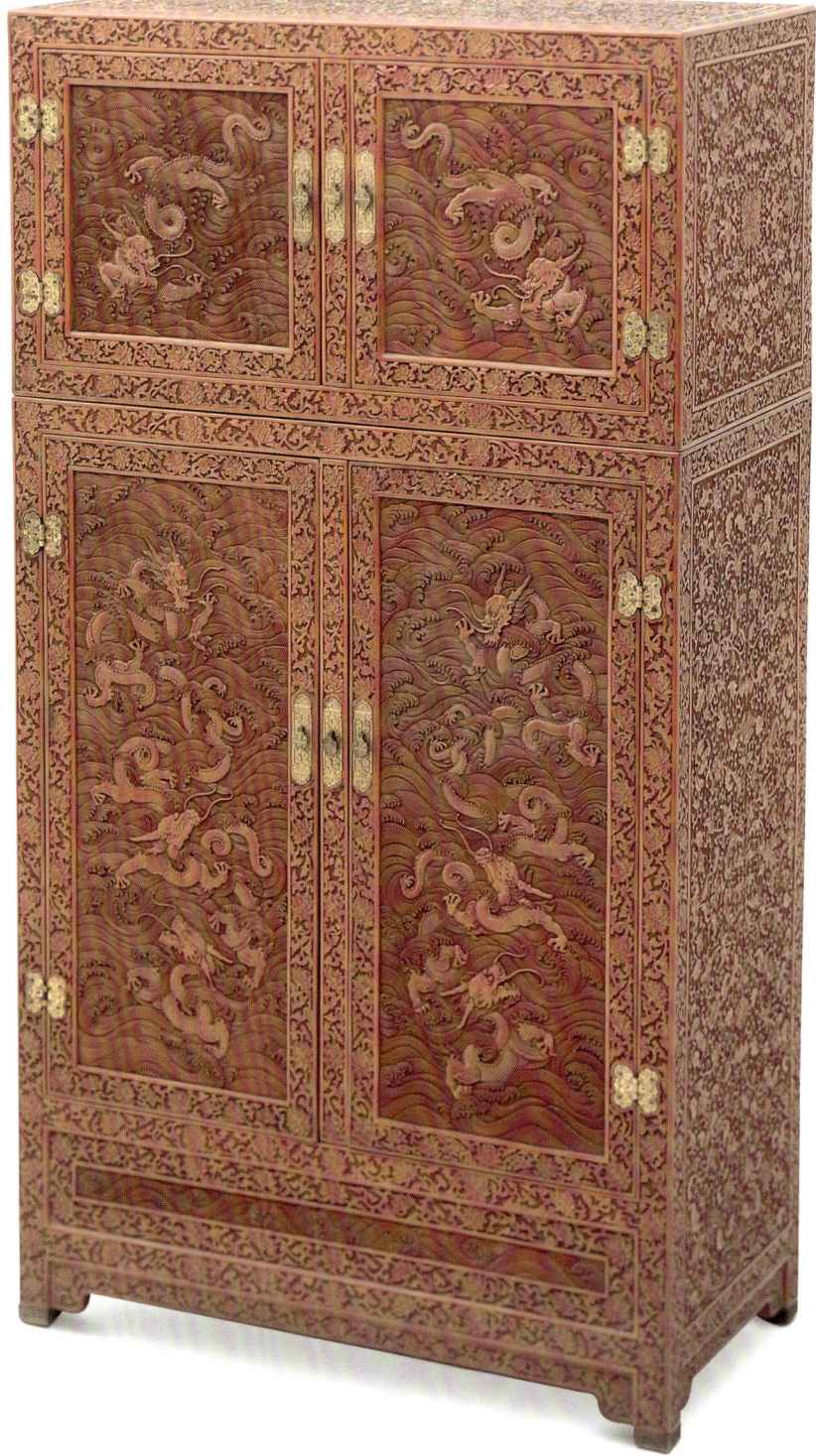

211

花梨云龙纹立柜
清
高129厘米 长77厘米 宽38.5厘米
清宫旧藏

Rosewood closet, decorated with carvings of dragons and clouds
Qing Dynasty
Height: 129cm Length: 77cm
Width: 38.5cm
Qing Court collection

立柜柜门皆落堂踩鼓做，门心板对称雕云龙纹。边框雕灯草线，安如意云头形铜活页、铜锁鼻。柜门下绦环板亦雕云龙纹。四腿直下，雕灯草线直足。

212

紫檀嵌瓷花鸟图小柜
清晚期
高89厘米　长42厘米　宽21厘米
清宫旧藏

Small, red sandalwood cabinet, decorated with pictures of birds and flowers on inlaid porcelain panels
Late Qing Dynasty
Height: 89cm　Length: 42cm
Width: 21cm
Qing Court collection

小柜形似顶竖柜，紫檀一木连作。正面分三层，对开六扇门，框内嵌堆塑加彩瓷片，分别为茶花绶带、春桃八哥、牡丹凤凰、玫瑰公鸡等花鸟图，寓意"官运通达"、"丹凤朝阳"、"功名富贵"等。回纹边框嵌铜镀金活页及面页，门下垂两块牙子，镶花卉纹瓷片。两侧面山板上分四层镶绦环板，雕"五福捧寿"纹和以蝙蝠、钱、盘肠结组成的"福泉绵长"纹。

此柜彩瓷以贴胎上釉的方法烧制而成，使图案高于平面，立体感强，且色彩艳丽，形象逼真，在故宫诸多家具藏品中仅此一件。

213

黑漆拐子纹门式多宝格
清早期
高158.5厘米　长159.5厘米　宽31.5厘米
清宫旧藏

Black lacquered display cabinet, built in the shape of a doorway, decorated with Kui[1] patterns
Early Qing Dynasty
Height: 158.5cm　Length: 159.5cm
Width: 31.5cm
Qing Court collection

多宝格门式。架格当中设小格，高低错落，富于变化，大小无一相同且四面透空。框架外面起混面双边线，间饰拐子纹花牙，所有边线及牙子边缘饰金漆。两侧几架四框落地，拐子纹足。

214

填漆戗金花蝶图博古格
清雍正
高174.5厘米　长97.5厘米　宽51.5厘米
清宫旧藏

Antique shelving, decorated with inlaid lacquer and gold patterns
Yongzheng Period, Qing Dynasty
Height: 174.5cm　Length: 97.5cm
Width: 51.5cm
Qing Court collection

博古格齐头立方式。上部右侧安板门一扇，下方平设二抽屉，门心板及抽屉正面红漆地饰填漆戗金折枝花蝶图纹。左侧和下方设高低错落的亮格，分别镶夔纹叉角花和拐子纹花牙。最下层左侧设一壶门小几，格内黑漆地，后背板上部饰描金花蝶图，下部右侧有圆形开光洞。格侧面与门对应处镶嵌镂空拐子纹和花卉纹档板。边框红漆地，有花瓣形开光，内饰填漆戗金折枝花卉纹图纹。格下有饰花卉纹牙条，四腿直下，包铜套足。

215

填漆描金芦雁图格
清雍正
高175.5厘米　长97.5厘米　宽51厘米
清宫旧藏

Shelving with black lacquered inner sections, decorated with gold tracery pictures of reeds and wild geese
Yongzheng Period, Qing Dynasty
Height: 175.5cm　Length: 97.5cm
Width: 51 cm
Qing Court collection

格齐头立方式。正面设七格，高低错落，中间左侧有带双环拉手的抽屉一具。里背板髹黑漆描金绘《芦雁图》及梅花、茶花、竹子、凌霄等图纹。边框红漆地上有花瓣形开光，内饰花卉图纹。两侧面山板上开壶门圈口，其他开有满月式、窗棂式开光或方形透空，圈口、开光四周红漆地上分别饰描金花果、祥云及双龙捧寿等纹饰。格下有饰花卉纹牙条，四腿直下，包铜套足。

216

紫檀描金花卉山水图多宝格
清雍正至乾隆
高57厘米　长54厘米　宽18厘米
清宫旧藏

Red sandalwood display cabinet, decorated with gold tracery landscape and flower patterns
Yongzheng-Qianlong Period, Qing Dynasty
Height: 57cm　Length: 54cm
Width: 18cm
Qing Court collection

多宝格齐头立方式。五层，每层有透雕夔龙纹花牙、栏杆，立板髹黑漆描金绘折枝花卉及山水图。侧面板绘蝙蝠、葫芦，寓意"福禄万代"。后立板背面绘描金花鸟图。

此格为一对，并排陈设，层与层相连，图纹相接，如同一体。

217

紫檀嵌竹丝格
清雍正至乾隆
高86厘米　长91厘米　宽28.5厘米
清宫旧藏

Red sandalwood shelving, decorated with inlaid bamboo strips
Yongzheng-Qianlong Period, Qing Dynasty
Height: 86cm　Length: 91cm
Width: 28.5cm
Qing Court collection

格边框紫檀木制，齐头立方式，外包镶竹丝。正面中间为空敞格子，内髹黑漆，上下各有对开两扇门，左右有相对的上下门，门心板、两侧山板为竹丝网编制，后面背板髹黑漆。正面内弯双拐子腿，腿上三面安枨。

此格在紫檀木边框上贴嵌竹丝的工艺，是典型的清代家具制作手法之一。

218

紫檀多宝格
清雍正至乾隆
高155厘米 长107厘米 宽50厘米
清宫旧藏

Red sandalwood display cabinet
Yongzheng-Qianlong Period, Qing Dynasty
Height: 155cm Length: 107cm
Width: 50cm
Qing Court collection

多宝格边框紫檀木制，共四层，每层以隔断板错落间隔，隔断板髹黑漆，有如意云头形及各式花形开光。格板亦髹黑漆，边框细雕夔龙纹花牙。

此格为一对，无腿足，其所采用的以紫檀木做边框、内部为髹漆板的做法，具有典型的清代苏作家具工艺特点。

219

填漆描金花卉纹格
清雍正至乾隆
高166厘米　长94.5厘米　宽48.5厘米
清宫旧藏

Shelving decorated with flower patterns made with gold tracery and inlaid lacquer
Yongzheng-Qianlong Period, Qing Dynasty
Height: 166cm　Length: 94.5cm
Width: 48.5cm
Qing Court collection

格齐头立方式，正面分上、中、下三部分，上部分两层四面全敞；中间部分为三行并列的九个抽屉。抽屉面上委角长方形开光；中有海棠形拉手；下部正面为鱼肚圈口，三面装板。格体正面框架自上而下分别饰描金西番莲纹和双夔龙戏珠纹，两面侧板描金绘梅花翠竹。腿间安有罗锅枨，枨上有矮老。包铜套足。

220

楸木描金夔凤纹多宝格
清乾隆
高95.5厘米　长96厘米　宽32厘米
清宫旧藏

Display cabinet made from Manchurian catalpa wood, decorated with gold tracery Kui[1]-phoenix patterns
Qianlong Period, Qing Dynasty
Height: 95.5cm　Lenght: 96cm
Width: 32cm
Qing Court collection

多宝格齐头立方式。正面及两侧面透敞，正面开大小相错孔洞，描金折枝花纹边框，镶夔龙纹、云纹坐牙或托角牙。格右上角有对开两扇门，开光内描金绘夔凤纹。门下及格底部抽屉屉面镂空，饰团螭纹卡子花拉手。格底有攒框式落曲齿枨。

221

竹丝镶玻璃小格
清乾隆
高48.5厘米　长39厘米　宽29.5厘米
清宫旧藏

Small, glass cabinet, decorated with inlaid bamboo strips
Qianlong Period, Qing Dynasty
Height: 48.5cm　Length: 39cm
Width: 29.5cm
Qing Court collection

小格齐头立方式。正面对开两扇门，门框饰回纹并镶贴竹丝，框内镶玻璃，呈对称"弓"字形。格内分左右两间，每间自上而下错落有致地悬着三个小抽屉，构思奇巧。两侧板亦饰回纹框镶玻璃。内翻拐子纹足。

261

222

填漆戗金云鹤纹多宝格
清乾隆
高91厘米 长69.25厘米 宽34厘米
清宫旧藏

Display cabinet decorated with crane and cloud patterns made from inlaid lacquer and gold
Qianlong Period, Qing Dynasty
Height: 91cm   Length: 69.25cm
Width: 34cm
Qing Court collection

格面高低错落,正面左下部设对开两扇门,右下部设抽屉两具。其余三面开敞。格身内外屉板、立墙戗金饰云鹤衔杂宝纹,门板饰云蝠、夔龙纹,抽屉饰夔龙纹,边框饰卷云纹及拐子纹。格下有细牙条,下垂卷云纹洼堂肚。

223

紫檀镶玻璃书格
清
高141厘米 长99厘米 宽43.5厘米
清宫旧藏

Red sandalwood bookshelf, decorated with glass paneling
Qing Dynasty
Height: 141cm   Length: 99cm
Width: 43.5cm
Qing Court collection

书格框架紫檀木制,通体饰打洼线条,框架空隙处以黄花梨木攒框镶心。格分三层,每层安装双枨,以矮老分为四格,内镶紫檀圈口,镶嵌玻璃心。格楣雕螭纹,间镂椭圆形开光,内镶玻璃。格两侧镶雕螭纹绦环板,正中开光镶玻璃。背板每层均开三个海棠式开光洞,镶玻璃。格下有落曲齿加双环卡子花牙子。包铜套足。

224

黄花梨梅花纹多宝格
清晚期
高112.5厘米 长80厘米 宽32厘米
清宫旧藏

Huanghuali[6] wood display cabinet, decorated with plum blossom patterns
Late Qing Dynasty
Height: 112.5cm Length: 80cm
Width: 32cm
Qing Court collection

多宝格齐头立方式。正面开七孔，高低错落，开孔上部镶透雕花牙，下部镶瓶柱式栏杆。格下部正中对开两门，门心板对称浮雕梅花，门内有小抽屉一具。门下为垂云纹洼堂肚下牙。格两侧为四段攒框镶绦环板，分别浮雕拐子纹及博古纹。

265

225

紫檀万福纹柜格
清乾隆
高109.5厘米 长99.5厘米 宽30.5厘米
清宫旧藏

Red sandalwood, multi-partition cabinet, decorated with cloud and bat[4] patterned carvings on a swastika brocaded background
Qianlong Period, Qing Dynasty
Height: 109.5cm   Length: 99.5cm
Width: 30.5cm
Qing Court collection

柜格齐头立方式。正面开十六格，门攒框镶绦环板，以透雕斜卍字锦纹为地，上铲地浮雕云蝠纹，寓"万福"之意。门内有隔墙，门边框饰如意云头，两侧靠内的如意云头为活插销，两侧外的竖框内侧上下有轴，拨动活插销，可以开启小门。包铜套足。

226

湘妃竹雕漆博古图柜格
清乾隆
高110.5厘米 长94.5厘米 宽25.5厘米
清宫旧藏

Carved lacquer, multi-partition cabinet, decorated with mottled bamboo patterns and pictures of antique objects
Qianlong Period, Qing Dynasty
Height: 110.5cm Length: 94.5cm
Width: 25.5cm
Qing Court collection

柜格木胎，包湘竹皮剔红装饰。齐头立方式，上格下柜。横竖框、枨部雕至竹皮露出梭子形轮廓，有如开光。上部各格孔四边均饰雕漆云纹圈口。下部横排四门，正中对开两扇门，可开启。框上安有铜錾花活页及面页。四门板上均雕《博古图》，并雕出竹地。四腿直下，包云头形铜套足。格下承楻。

227

紫檀山水人物图柜格
清中期
高182厘米　长109厘米　宽35厘米
清宫旧藏

Red sandalwood, multi-partition cabinet, decorated with carvings of figurines in a landscape setting
Middle Qing Dynasty
Height: 182cm　Length: 109cm
Width: 35cm
Qing Court collection

柜格齐头立方式，格上装镂空套叠方胜形横楣。格下为抽屉，两大四小，皆有铜拉手。屉下为对开两扇门，中间立栓，四角攒边门框双混面双边线，框内镶门心板，一面雕《桐荫对弈图》，另一面雕《观瀑图》。柜格下承须弥座式樱。

228

紫檀西洋花纹小柜格
清中期
高129厘米 长64厘米 宽38厘米

Small, red sandalwood, multi-partition cabinet, decorated with Western style carvings
Middle Qing Dynasty
Height: 129cm　Length: 64cm
Width: 38cm

小柜格齐头立方式。上部多宝格每格大小不一，内均有圈口牙子，或雕夔纹，或雕回纹，或雕西洋卷草纹。格下为对开两扇门，中间立栓，边框安有铜活页及面页。门心板雕西番莲纹。柜底横枨下装浮雕回纹牙条。

此柜格体积虽小，但工艺精湛，应属炕柜一类。

229

紫檀描金山水图博古格
清中期
高121.5厘米　长89厘米　宽34.5厘米
清宫旧藏

Display cabinet for antiques, with red sandalwood frame, decorated with gold tracery landscape scenes
Middle Qing Dynasty
Height: 121.5cm　Length: 89cm
Width: 34.5cm
Qing Court collection

博古格紫檀木制框架，正面开五孔，镶镂空圈口花牙。左下部有板门两扇并小抽屉一具。格内背板、立墙和屉板均木胎髹紫漆，饰描金山水风景和折枝花卉图。格两侧面分别开两孔，并饰镂空圈口花牙。格下有拐子纹角牙。

此格所采用的硬木做框加漆心彩绘的工艺，是清代中期苏作家具的常见工艺。

230

黄花梨勾云纹柜格
清
高179厘米　长97厘米　宽36厘米
清宫旧藏

Huanghuali[6] wood, multi-partition cabinet, decorated with scrolled cloud pattern carvings
Qing Dynasty
Height: 179cm　Length: 97cm
Width: 36cm
Qing Court collection

柜格齐头立方式。上部多宝格栏板及券口牙均雕连续勾云纹。中部有三个抽屉，屉下对开两扇门，中间有立栓，边框安有铜活页及面页。柜底枨下装拐子纹牙条。四腿直下，雕回纹足。

此柜格两件一对，为对称设计，可并排或对称摆设。

231

紫檀云龙纹柜格
清
高162厘米　长112厘米　宽38厘米
清宫旧藏

Red sandalwood, multi-partition cabinet, decorated with carved dragons and clouds
Qing Dynasty
Height: 162cm　Length: 112cm
Width: 38cm
Qing Court collection

柜格齐头立方式，上部两层格中间平设三个抽屉，抽屉面起一圈委角绦环线，中心安铜拉手。格边沿镶雕花圈口，柜下部对开两扇门，柜门四边攒框，安铜活页、铜锁鼻，中心板雕云龙纹。两侧面山板分为上下两段，雕有山水、楼阁、树木、人物图。柜门下有雕回纹牙子，中间下垂洼堂肚。

232

紫檀棂门柜格
清
高193.5厘米　长101.5厘米　宽35厘米
清宫旧藏

Red sandalwood shelving, with lattice style doors in the center sections
Qing Dynasty
Height: 193.5cm　Length: 101.5cm
Width: 35cm
Qing Court collection

柜格齐头立方式，上层和下层为格，四面全敞，中间两层为柜，结构相同而方位相反，每层分二间，一间三面有竖枨，正面无门，另一间有棂窗似的门。格下有角牙，四腿直下。

此柜格看上去四面透风而又有栏，所以又称"气死猫"，但其样式结构与明式"气死猫"柜格有较为明显的区别。

233

紫檀嵌画珐琅云龙纹柜格
清
高185厘米 长96厘米 宽42厘米
清宫旧藏

Red sandalwood, multi-partition cabinet, decorated with enameled picture panels featuring dragon and cloud patterns
Qing Dynasty
Height: 185cm   Length: 96cm
Width: 42cm
Qing Court collection

柜格紫檀木制框架，齐头立方式。上部多宝格开五孔，正面及两侧透空，每孔上部镶拐子番莲纹珐琅券口牙子，下部装矮栏。格背板里侧镶玻璃镜。格下平设抽屉两具，屉面镶铜质镂空番莲花。再下为柜门，镶画珐琅镂空云龙纹。两侧面为嵌珐琅云蝠纹绦环板。柜下有嵌珐琅缠枝莲纹牙条。

234

黑漆识文描金九龙纹长套箱
清雍正
外箱通高49厘米　长189厘米　宽50厘米
内箱通高35.5厘米　长178厘米
宽40.5厘米

Long, black lacquered, nested chest set, decorated with gold tracery pictures of nine dragons
Yongzheng Period, Qing Dynasty
Outer chest: Overall height: 49cm
Length: 189cm　Width: 50cm
Inner chest: Overall height: 35.5cm
Length: 178cm　Width: 40.5cm

套箱分内外两层，纹饰相同，均黑素漆里，不露木胎。每层箱体两端均有铜提环。外箱盖面上有满汉对照识文描金"雍正元年（1723）吉月　孝陵所产蓍草六苁计三百茎敬谨贮内"文字。外箱下有镶垛边底座，内箱四角下有矮足，与垛边齐平，正好放进垛边里口。内箱箱壁较高，上盖较窄，有竖墙。

识文是用漆灰堆作阳线花纹或平地堆起显现阳线花纹，花纹与漆地同一颜色的髹饰技法，在这些花纹上饰金的，称为识文描金。

235

紫檀银包角双龙戏珠纹箱
清中期
高49.5厘米　长98.5厘米　宽66厘米
承几高19厘米　长103厘米　宽70厘米
清宫旧藏

Red sandalwood chest with silver corner sheathings, decorated with carvings of twin dragons playing with a pearl
Middle Qing Dynasty
Height: 49.5cm　Length: 98.5cm
Width: 66cm
One stand attached: Height: 19cm
Length: 103cm　Width: 70cm
Qing Court collection

箱盖、箱体皆雕双龙戏珠纹，箱四角均包镶银镀金錾花包角，前后两面安银镀金錾花龙纹合页及拍子。下有紫檀束腰箱座，座面、束腰及牙条四角亦包镶银镀金錾花包角，牙条下有十二腿足支撑。

236

柏木冰箱
清
高82厘米　长91厘米　宽90厘米
清宫旧藏

Icebox made from cypress wood
Qing Dynasty
Height: 82cm　Length: 91cm
Width: 90cm
Qing Court collection

冰箱上有一对箱盖，盖上有四个铜钱纹开光，用于将箱盖提起。箱内四壁均用铅皮包镶，并设有一层格屉，由两个长方形的格屉组成。冰箱外壁铜箍三道，两侧面安有铜提环。箱下承柏木座，座面、束腰四角及鼓腿拱肩部均包镶铜片，足下连托泥。

280

237

红木龙首衣架
清
高200厘米　长256厘米　宽67厘米
清宫旧藏

Mahogany clothes rack, decorated with carved dragon heads
Qing Dynasty
Height: 200cm　Length: 256cm
Width: 67cm
Qing Court collection

衣架上方的搭脑两端雕出回首相顾的两个龙首，龙首下方透雕云纹挂牙，中牌子分三段嵌装透雕双龙戏珠纹绦环板，绦环板下有透雕龙纹卡子花与其下的横枨相连，横枨下方两端有透雕云龙纹托角牙。两侧立柱前后用站牙抵夹，立于墩子上，站牙、墩子及披水牙上满地雕云龙纹。

238

红木龙首盆架
清
高180厘米
清宫旧藏

Mahogany basin stand, decorated with carved dragon heads
Qing Dynasty
Height: 180cm
Qing Court collection

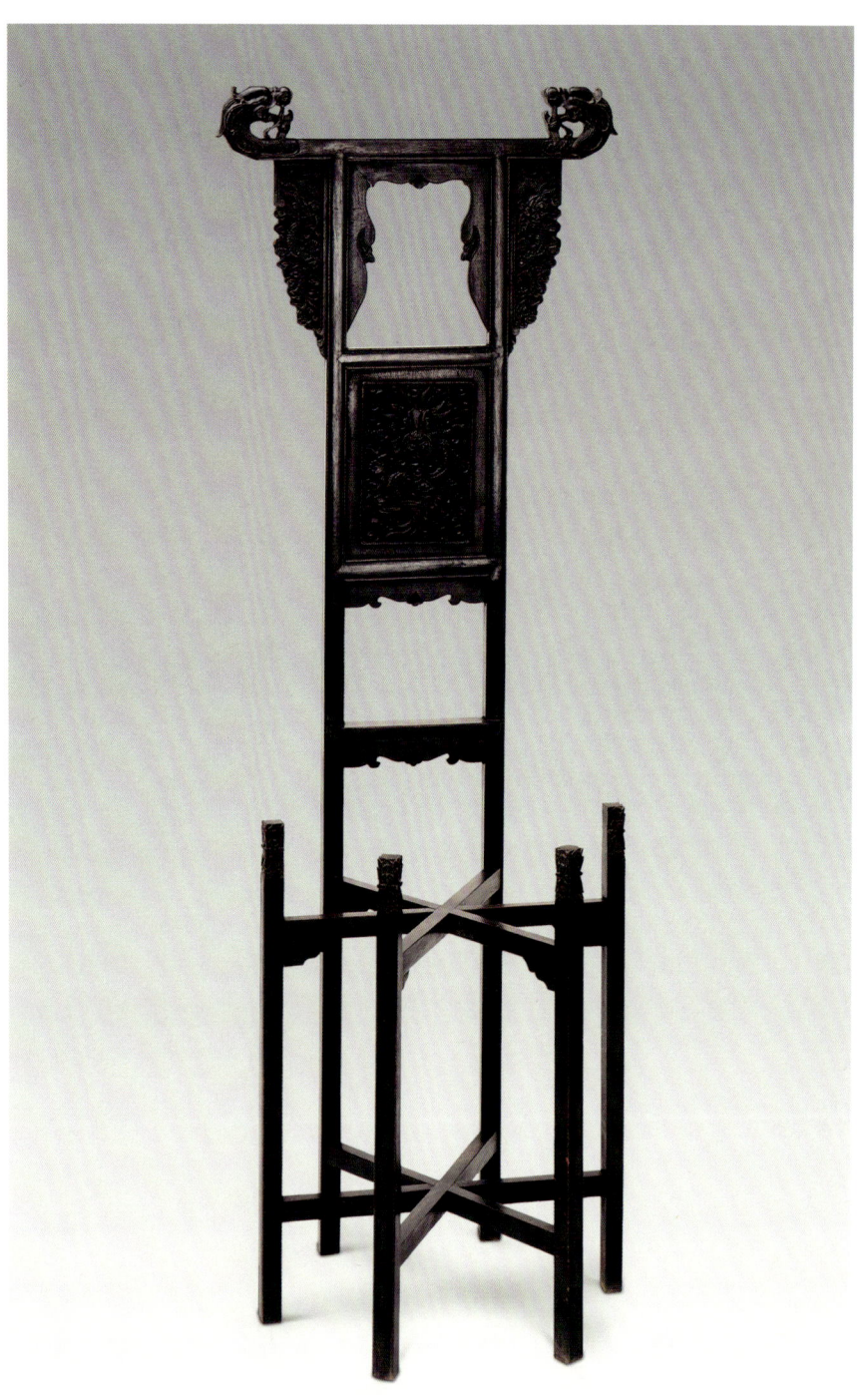

盆架红酸枝木制。后柱上的搭脑两端雕出回顾的龙首。搭脑下方镶壶门式券口牙子。两侧装云龙纹托角牙,架框正中镶中牌子,雕云龙纹。下装一横枨,两空当中各安壶门式牙条。架间安上下两组横枨,分别由三条横枨交叉结合而成,上层横枨与腿连接处安托角牙。六腿直下。

239

红木竹节纹盆架
清
高52厘米　直径51厘米
清宫旧藏

Mahogany basin stand, carved to resemble jointed bamboo
Qing Dynasty
Height: 52cm　Diameter: 51cm
Qing Court collection

盆架通体圆雕龟背竹纹，架间上下设两层冰纹枨，上层枨用来放置盆体。架下五足外撇。

240

酸枝木凤纹盆架
清晚期
高75厘米 直径84厘米
清宫旧藏

Mahogany basin stand, with legs shaped in a phoenix pattern
Late Qing Dynasty
Height: 75cm　Diameter: 84cm
Qing Court collection

盆架六条三弯腿，雕成昂首卷尾的夔凤形，凤首上仰，身体弯曲，凤尾部自然形成外翻足，腿上部横枨连接，腿下部卷曲处则以一圆形枨衔接而成，枨中间安有圆板，雕花卉纹。

天然木家具

Natural Wood Furniture

241

天然木圆桌
清乾隆
高84厘米 面径126厘米
清宫旧藏

Round table constructed from naturally shaped wood
Qianlong Period, Qing Dynasty
Height: 84cm Diameter: 126cm
Qing Court collection

桌面柴木做,面下牙条及腿足均用树根拼镶而成,之间无卯榫连接,腿上部为一独柱,下部分开为三足,形态各异。

凡以天然树根或树枝制作的家具,即为天然木家具,因保持其天然形态而得名。

242

天然木圆桌
清
高84厘米　面径126厘米
清宫旧藏

Round table constructed from naturally shaped wood
Qing Dynasty
Height: 84cm　Diameter: 126cm
Qing Court collection

桌面攒框镶板，框外用天然树根攒接包镶，面下桌牙与五条弯曲的桌腿衔接自然，没有拼缝的痕迹，工艺水平颇高。

此桌与天然木椅配套使用，造型古朴典雅。

243

天然木平头案
清乾隆
高90.5厘米　长252厘米　宽69.5厘米
清宫旧藏

案面为柴木做,面下牙条及腿足为一体,均用树根拼镶而成,之间无卯榫连接,两侧腿间有树根拼镶的档板,足下连柴木做托泥。

Long, narrow table with straight ends, constructed from naturally shaped wood
Qianlong Period, Qing Dynasty
Height: 90.5cm　Length: 252cm
Width: 69.5cm
Qing Court collection

244

天然木罗汉床
清
高114厘米 长217厘米 宽135.5厘米
清宫旧藏

Arhat[3] bed constructed from naturally shaped wood
Qing Dynasty
Height: 114cm　Length: 217cm
Width: 135.5cm
Qing Court collection

床围由三段天然木根拼接，床面打槽装板，上立天然木小炕几。面侧沿的牙子及床的腿、足部亦皆由天然木拼镶而成。床前有天然木脚踏。

此床整体造型依形度势，随体曲折，天然成趣。

245

天然木椅
清
高97厘米　长80厘米　宽57厘米
清宫旧藏

Chair constructed from naturally shaped wood
Qing Dynasty
Height: 97cm　Length: 80cm
Width: 57cm
Qing Court collection

椅靠背及两侧扶手利用天然木根拼接攒成，座面以木根做成围框，上铺木板，面下的牙子及腿、足均以木根拼镶而成。

此椅可成对与天然木桌一起摆设，造型奇特，古朴高雅。

246

天然木椅
清
高95.5厘米 长81厘米 宽58厘米
清宫旧藏

Chair constructed from naturally shaped wood
Qing Dynasty
Height: 95.5cm Length: 81cm
Width: 58cm
Qing Court collection

椅靠背及扶手由枝干苍虬的木根拼镶而成，座面面心嵌装光素木板，四周则包镶木根，面下的牙子及腿、足皆由木根拼接而成。

此椅造型依形度势，与木根自然形态结合为一体。

家具实景陈设

Palace Furniture Displays

247

太和殿内陈设
Furnishings in the "Hall of Supreme Harmony" (Tai He Dian)

太和殿位于紫禁城中央，是皇权的象征。清代皇帝登基、祝寿、大婚等重大典礼活动都在这里举行。殿内陈设都有严格规定，清代专门制定了《钦定宫中现行则例》，以规范紫禁城内十二宫正殿内的陈设。殿正中为须弥式高台，陈设金漆龙纹宝座和屏风，两旁有香几、仙鹤烛台、香筒。台前置高香几四个，上为铜胎掐丝珐琅香炉。殿两侧有高大的紫檀雕云龙纹顶箱立柜。

248

乾清宫内陈设

Furnishings in the "Palace of Heavenly Purity" (Qian Qing Gong)

乾清宫位于故宫内廷,是明代和清初皇帝居住、处理政务的地方。其陈设为清康乾时期的原貌。殿内正中的三级高台上设金漆龙纹宝座,座前有书案,后为金漆龙纹屏风。两侧陈设甪端、香筒、仙鹤烛台等。台前香几上承珐琅质香炉,台两侧各有庋炉。整体显得金碧辉煌,庄严肃穆。

249

养心殿后寝殿内的紫檀云龙纹柜

Red sandalwood cabinet, decorated with dragon and cloud patterns, located in the bedroom behind the "Hall of Mental Cultivation" (Yang Xin Dian)

养心殿位于故宫内廷,是清代雍正至宣统八个皇帝居住、理政的地方。养心殿后寝殿（西次间）北墙陈设一对紫檀云龙纹柜,其间为一紫檀小柜,三柜合为一体,两高柜之间的空当上部作一垂花罩门,既美观又庄重,且恰与墙的尺寸吻合,是专门为这里设计定做的。

250

养心殿西过道门内的穿衣镜

Full length mirrors located in the west passageway in the "Hall of Mental Cultivation" (Yang Xin Dian)

在养心殿正间西过道门内，由于地方狭小，立一紫檀木半出腿穿衣镜，镜子的背面靠墙，不但节省了空间，而且可以为大臣觐见皇帝时整肃仪容之用，是当时专门为这里制造的具有清代宫廷特色的家具。

251

储秀宫西间北窗陈设

Furnishings by the north window of the west room in the "Palace of Gathering Excellence" (Chu Xiu Gong)

储秀宫为故宫内廷西六宫之一，是清代嫔妃们居住的地方，晚清时，慈禧太后曾在这里居住。炕上陈设有紫檀百宝嵌炕柜、炕桌、炕几等家具，炕前有脚踏。西墙上有大幅的挂屏。光绪十年（1884），慈禧五十岁生日时，曾对室内重新装修。紫檀百宝嵌炕柜就是为其祝寿特制并陈设的。

252

储秀宫东梢间陈设

Furnishings in the room at the east end of the "Palace of Gathering Excellence" (Chu Xiu Gong)

储秀宫按照清末慈禧太后生前情景原状陈设。东梢间东墙上挂壁挂，靠墙设黑漆嵌螺钿翘头案，案上陈设钟表和一对象牙宝塔。案前为炭炉，左侧有紫檀嵌珐琅坐墩和八角落地罩，罩内有桌案等陈设。

253

储秀宫内黄花梨嵌玉盆架

Huanghuali[6] wooden washstand, decorated with inlaid jade, in the "Palace of Gathering Excellence" (Chu Xiu Gong)

储秀宫东梢间为慈禧太后卧室，各种家具一应俱全。墙角处放置的黄花梨嵌螺钿盆架，就是慈禧当年使用过的，盆架全身嵌螺钿，中间架牌嵌《进宝图》，寓意吉祥，应是为慈禧太后祝寿所用。

254

长春宫东次间陈设

Furnishings in the second east room of the Palace of "Eternal Spring" (Chang Chun Gong)

长春宫位于故宫内廷，为西六宫之一，是清代后妃的居所，乾隆皇帝的皇后和慈禧太后都曾在这里居住。东次间为后妃日常生活和休息的地方，室内陈设有紫檀顶竖柜、紫檀点翠花鸟插屏、紫檀雕花条案、香几等家具，充满生活气息。

255

长春宫西次间挑杆灯

Lamp in the second west room of the "Palace of Eternal Spring" (Chang Chun Gong)

长春宫西次间的炕前陈设有紫檀挑杆灯，灯为紫檀边框，有带宝盖的玻璃灯屏，宝盖四角垂挂灯穗，此灯既可用于照明，又有装饰居室的作用。在炕上陈设有炕几，室内还有脚踏和半圆桌等家具。

256

太极殿西次间南窗炕上家具陈设

Furnishings on the kang[14] by the south window of the second west room in the "Hall of Great Supremacy" (Tai Ji Dian)

太极殿位于故宫内廷，为西六宫之一，是清代后期嫔妃们居住的地方。在其西次间靠南窗的炕上陈设着炕桌、炕案，炕下有脚踏，两侧有绣墩。其整体家具布局带有浓厚的满族风俗习惯。

257

崇敬殿正间内陈设

Furnishings in the main room of the "Hall of Great Reverence" (Chong Jing Dian)

崇敬殿位于故宫内廷，是重华宫的前殿，原为乾隆作皇子时的居所，乾隆五年（1740）扩建。殿内正上方为乾隆作宝亲王时书写的"乐善堂"匾额。殿正中台上设宝座，座后为三扇屏风，两侧为宫扇、香几、香筒等，香几上承太平有象和甪端各一对。此陈设为乾隆登基后御临重华宫所用。

258

重华宫东梢间炕屏

Kang[14] screen in the room at the east end of the "Palace of Double Brilliance" (Chong Hua Gong)

重华宫位于故宫内廷，原为西二所，由于乾隆作皇子时在这里居住并完婚，故在乾隆年间改名为宫。其东梢间为乾隆御临重华宫的休息之所，室内东面为一通炕，上靠墙置十二扇炕屏，屏心雕十二月花卉图。屏前为炕几，两侧为炕案，案上陈设帽架和文玩。炕前放置香炉。

259

重华宫东梢间陈设一角

Part of the furnishings in the room at the east end of the "Palace of Double Brilliance" (Chong Hua Gong)

重华宫东梢间为原状陈设。炕的外侧靠墙置一紫檀长桌，桌上为茶具及文玩，墙上挂玳瑁框象牙地的《鹤鹿同春图》挂屏，寓意吉祥。炕上置有炕几，上方有乾隆御书的字幅点缀。

260

重华宫西次间家具陈设

Furnishings in the room at the west end of the "Palace of Double Brilliance" (Chong Hua Gong)

重华宫西次间为乾隆皇帝赐群臣茶宴、赋诗联句、休息观戏的地方,其北墙靠墙陈设紫檀雕花顶竖柜,西墙陈设紫檀雕花平头案,案上置紫檀透雕楼阁嵌玉人插屏。屏上方的墙上有乾隆御笔的贴落。

261

翠云馆内陈设一角

Part of the furnishings in the "Hall of Green Cloud" (Cui Yun Guan)

翠云馆为重华宫后殿,乾隆皇帝作皇子时在这里读书并大婚,婚后其大福晋在这里居住。在祥云门侧黑漆描金插屏及门内靠墙的紫檀长桌等家具陈设,均为乾隆时期的原状。

262

翠云馆内的隔扇及挂屏

Hanging panel and screen partitioning in the "Hall of Green Cloud" (Cui Yun Guan)

翠云馆的间隔用四扇金漆山水图隔扇组合而成，隔扇上部为勾云纹窗棂，做工精细，隔扇一侧墙上挂有紫檀百宝嵌博古图挂屏，另一侧对称挂有紫檀框漆地百宝嵌花鸟图挂屏。

263

翠云馆西梢间陈设

Furnishings in the room at the west end of the "Hall of Green Cloud" (Cui Yun Guan)

翠云馆西梢间北墙装饰为上下两层，上层为阁楼式，下层为炕。阁楼上有八扇花鸟图屏风，炕上陈设炕桌和炕案，两侧是紫檀框双面绣的隔扇。炕下一侧陈设紫檀雕花大案，另一侧为书格式帘子隔尘。整体布局设计精巧得当。

Notes 注释

1 **Kui 夔**
When used alone this term translates 拐子纹 (guai zi wen) literally "a cripple or lame person" pattern, an I-shaped reel pattern. Sometimes also used together with "dragon", 夔龙纹, (kui-dragon pattern). The kui-dragon has a turned-up snout, and is usually shown in profile with only one leg visible. It is found in the decoration of Chinese bronzes from the Shang dynasty, and became a popular motif on various types of archaistic wares. Also used together with "phoenix", 夔凤纹, (kui-phoenix pattern).

2 **Nanmu 楠木**
Nanmu (cedar) is a silvery-brown softwood considered one of the best materials for furniture manufacture, because it does not warp or split, and can be sanded and polished to create a smooth, hard surface. The knot patterns in Nanmu are often used for decorating cabinet doors and table panels. More than thirty varieties of Nanmu are found in southern China and Vietnam.

3 **Arhat 罗汉**
Luo han. The name given by Buddhism to disciples or monks who have freed themselves from all desire and anger.

4 **Bats 蝠**
Bats are often used to symbolize "blessing" (福 fu), because the Chinese word for "bat"(蝠 fu) sounds like the word for "blessing".

5 **Hai Wu Tian Chou 海屋添筹**
Hai Wu Tian Chou. An expression wishing an aged person a longer span of life.

6 **Huanghuali 黄花梨**
Huanghuali. Literally "yellow flowering pear", huanghuali wood (Dalbergia Odorfera) is a warm-colored, strong hardwood with an attractive grain, related to the rosewood family. Grown mostly on Hainan Island, it was used mostly for specially commissioned classical Chinese furniture because of its high cost.

7 **Wan Fu 万福纹**
Wan Fu (ten thousand blessings) pattern, represented by a swastika and bat (see Footnote 4 above).

8 **Fu Qing 福庆纹**
Fu Qing (blessing celebration) pattern, represented by a bat (see Footnote 4 above) holding a stone in its mouth.

9 **Jichimu 鸡翅木**
Jichimu (chicken wing wood) An indigenous Hainan Island hardwood, with a jagged, feather-like patterned grain, ranging in color from brown to gray.

10 **Fencai 粉彩**
Fencai (powder colors), known in the West as famille rose, is a type of enamel which was developed for use on porcelain in the first quarter of the 18th century. Most of these enamels are opaque or semi-opaque and do not flow when fired. Typical colors are rose, opaque yellow and opaque white.

11 **Ruyi 如意纹**
The ruyi pattern, resembling a leaf or stylized cloud, appears as a motif in many forms of Chinese decorative art. The characters ru-yi carry the meaning, "May everything go as you wish it to."

12 **Lingzhi 灵芝**
Lingzhi, a fungus (polyporous lucidus) associated with Daoism, which symbolizes immortality in Chinese art. Sometimes translated as "magical fungus". Used in Chinese medicine.

13 Lappet 垂饰
Lobe or flap-like projection, fold, overlapping piece (of garment, flesh, membrane, etc)

14 Kang 炕
Kang, the raised part of a room used as a bed, made of bricks and able to be heated.